新人IErと学ぶ
アイイーヤー

実践

IE の
Industrial Engineering

強化書

日本インダストリアル・エンジニアリング協会 編

日刊工業新聞社

はじめに

「IEって、ストップウォッチで時間測るアレでしょ？　イマドキ必要ないよね」

「手を伸ばすとか、モノをつかむとか、人の動きをチマチマ分析しても工場は自動化されているんだから、時代遅れでイミないでしょ」

この本を手に取ってくださった方の中にも、そうした思いが少しはあるかもしれません。しかしIEは、この40年で手法も深化し、また適用場面も拡がっています。

私が初めてIEと出会ったのは、1980年代、当時大学で経営工学を学んでいたときでした。思い起こしてみると当時教えを受けた先生方は、いずれも日本におけるIE・経営工学という学問領域を確立し、かつ企業に対する影響力も大きい方々ばかりでした。当時は「IE」「経営工学」に関する書物もたくさん出版されていました。

しかし、あれから数十年が経ち、教える側になったあるとき、学生から「IEについて勉強したいのですが、何か良い本を紹介していただけませんか？」と問いかけられ、新しい本がほとんど見当たらないことに驚きました。

現場改善に関するノウハウ本はビジネス書の棚には並んでいますが、IEの考え方をきちんと整理してある本はありません。メインに取り上げられているのは、「工場の現場を改善するためのツールとしてのIE」ばかりでした。

確かにIEは、工場の現場を改善するツールです。そして同時に「工場の現場」だけでなく、世の中すべてをより良くするためのツールでもあるのです。

ただ残念なことに、歴史的に製造業の現場における作業改善のイメージが強く、また現場改善で大きな成果を上げてきたがため、冒頭に述べたようなイメージが定着してしまいました。しかし、このようなイメージでは、本来のIEの良さを、現場で、社会で活かすことは難しいのではないでしょうか。

本来、「IE・経営工学」は、経営上の問題を発見して解決するためのマネジメント技術です。つまり、IEを活用することで、企業や組織、社会の課題解決が期待できる、広く役立つものなのです。

　ところが、経営工学を学ぶ大学では、「理論」「解法」「技術」を教えることに多くの時間を取られています。情報技術の進歩により、学ぶべき知識や技術が質・量ともに増加していることも影響しているのかもしれませんが、それでは本来のIEの力を発揮できないのではないかと忸怩たる思いがあります。

　私は、IE・経営工学の面白さは、「最適解を早く、正確に導く方法論」が、実際に企業や社会で役立つことにあるのではないかと考えています。

　そこで、IEの古いイメージを払拭し、成長したIEの全体像を、これからIEを学び、仕事に活かしていこうとしている方々にぜひ伝えたい。そう思ったことがこの本の企画のスタートでした。そして、IEの理論や知識がどのように社会で成果を出していくのかを感じ取っていただきたい。そう思いながら本書の執筆を進めました。

　そのため本書では、第1章では、インダストリアル・エンジニアリング（IE）とは何かについて、基本的な考え方の枠組みなどについてまとめ、第2章では、組立産業の代表である自動車工場を舞台に、実践の場で新人IEr（アイ・イー・ヤー）をどのように育成していくかという視点でストーリーを組み立てています。実際に現場で交わされるであろう会話を盛り込みながら、物語風に展開しているこの章は、類書にはない本書の大きな特徴です。

　第3章では、第2章で取り上げた手法について、目的・改善の着眼点・使い方という3点でまとめるとともに、第2章の中で特に重要なキーワードについて、関連知識も含めて解説しています。

　IE・経営工学がカバーする範囲は幅広く、設計開発管理・品質管理・設備保全・生産管理・人事管理などなど、IEを活用して展開できるシーンやテーマはたくさんあります。本書ではそのすべてを取り上げることはできませんでしたが、まずは基本に絞って、身近なテーマでIEの重要性を実感できるような構成といたしました。

　この本を作成するに当たっては、日本インダストリアル・エンジニアリング

協会（日本IE協会）において、実際の企業でIEを実践されまたIE教育を担当されている企業の方々と、大学でIE・経営工学を教えている教員で構成されているIE教材編集委員会を立ち上げ、2019年10月から、計10回の委員会における検討を経て、共同執筆という形で進めてきました。途中、新型コロナウイルス感染症による緊急事態宣言の発出という想定外のことが起こるアクシデントもありましたが、理論と実践を繰り返すことによってIEが深化する、という基本コンセプトを形にすることができたと感じています。

完成までの道のりの途中では、日本IE協会事務局の五十嵐健二氏、菅野孝洋氏をはじめ、事務局のみなさまには多大なご支援を賜り感謝しております。特に立ち上げに際してご尽力をいただいた大熨景氏、ライターの江頭紀子氏には心より感謝申し上げます。

成蹊大学名誉教授の渡邉一衛先生、早稲田大学教授の吉本一穂先生には全体の構成や細部にわたる記述について、貴重なアドバイスをいただきました。この本をたくさんの方々に読んでいただくことによって、ご指導いただいた先生方の教えが少しでも次の世代に伝わることが、先生方への恩返しになることを祈っております。

そして、本書を手に取ってくださった方々が、本書をきっかけに実際にIEを活用して、組織や社会に貢献していただけることを期待したいと思います。

2021年2月

IE教材編集委員会・委員長
斎藤　文（産業能率大学）

新人IErと学ぶ　**実践 IEの強化書**　　目　次

第3章
IEを実践するために知っておくべき基礎知識

ムダを見つけて働き方を変えるIE（インダストリアル・エンジニアリング）

登場人物

佐藤 翔太（23歳）

大学の工学部機械工学科を卒業してIE自動車に入社し、生産管理部に配属された。新入社員研修として1カ月にわたる「IE基礎コース」を受講している。

鈴木 美咲（29歳）

佐藤くんと同じ部署の先輩で入社6年目。生産管理部のプロジェクトリーダーとして活躍中。

高橋 健一（50歳）

佐藤くんと鈴木さんが所属する生産管理部の部長。

第1章
IEとは

IE自動車に入社して生産管理部に配属された佐藤翔太くんは、今週1週間、座学のIE（インダストリアル・エンジニアリング）研修を受講しています。そんな座学講習の最終日、先輩部員の鈴木美咲さんと食堂でばったり会うことになりました。

佐藤くん、IE研修の座学はどう？　ずっと座って話聞いているのは大学時代を思い出すでしょ？　よく眠れる？（笑）

とんでもないです！　座学といっても、演習やディスカッションが多いので寝ている暇がありません！　大学時代とは大違いです！

来週からは、いよいよ現場に出て実践研修だね。その前に知識のところはしっかり押さえておくといいよ。

あのう…それで、いくつかわからないことがあるのですが、教えていただけないでしょうか？

もちろん！

　ということで、佐藤くんは鈴木さんの助けを借りて、座学の振り返りをすることになりました。

IEって何ですか？

「ムダ」を最小限にして「価値」を最大限にする「見方」「考え方」「方法論」

例えば、朝起きてから家を出るまでの行動を思い描いてみて。同じ場所に何度もモノを取りに行くなど、「ムダだな」と感じる動きはないかしら？　モノの置き方とか、行動する順序を変えることで総移動距離を減らすことができれば、家を出る時間を早めることができるでしょ。こうしたことがIEなのよ。

　つまり、IEとはムダを明らかにして、そのムダを最小限にすることで価値を最大限に得ようという「見方」や「考え方」で、それを実現する「方法論」のことを指すの。

　教科書的にいうと、「なるべく少ない投入資源で最大限の価値を生み出すためのノウハウ」で、その狙いは、「仕事のやり方や時間の使い方を工夫して、豊かで実りある社会を築くこと」といえるのよ。

 コラム ## IEの定義

◆米国IE協会（AIIE＝現IISE：1955年）

　「人・モノ・設備の総合されたシステムの設計・改善・確立に関するもので、そのシステムから得られる結果を明確にし、予測し、かつ評価するために、工学的な解析・設計の原理や方法とともに、数学・物理学・社会科学の専門知識と技術とを利用する」

◆日本IE協会（2008年）

　「価値とムダを顕在化させ、資源を最小化することでその価値を最大限に引き出そうとする見方・考え方であり、それを実現する技術。仕事のやり方や時間の使い方を工夫して豊かで実りある社会を築くことを狙いとし、製造業だけでなくサービス産業や農業、公共団体や家庭生活の中でも活用されている」

Q2 具体的にどこでどう使われるのでしょうか？

A 企業内のすべての業務＋経営の諸問題の解決、そして社会の諸問題の解決にも使われる

例えば「自動車をつくる」場合、「どんな自動車をつくるか（製品設計）」は、エンジン設計（機械工学）や電子制御（電気電子工学）などの固有技術が必要だけど、「同じ自動車をどうやって早く安くつくるか（生産設計）」には管理技術が必要だよね。どんなに技術的に優れた自動車が開発されても、それを欲しいと思っている人に、欲しいと思った時に安定的に提供し、かつ利益を出すのは固有技術だけでは難しいでしょ。

「作業をいかに早く楽に正確にやる方法を考える」「需要の変動に対して在庫をどれだけ持っておくことがよいか」「CO_2削減のために物流をどのように変えていけばよいか」などなど、設計・開発・調達・製造・販売といった業務だけでなく、マネジメント層も含めた経営問題全般で、活用されているわ。

それぞれの業務における問題に対して、問題を深く掘り下げて見える化し、定量的な分析に基づいたアプローチをすることで、大きな改善効果を達成することが期待されるのよ。

佐藤くんはやっとIEの全体像が見えてきた気がしました。でも座学の演習は、工場における、"モノの流れ"の改善や"作業者の作業方法"についての分析、といった工場の現場改善の事例ばかりだったので、「IE＝工場で使うもの」という印象でした。

コラム　IEの歴史（その1）

　アメリカのテイラー（F.W.Taylor）が提唱した時間研究（time study）と、ギルブレス（F.B.Gilbreth）による動作研究（motion study）がIEの基礎といわれている。テイラーは、1878年フィラデルフィアの製鋼所に入社し、当時多発していた労働者の組織的怠業（サボタージュ）への対策のために、労使ともに納得ができる合理的な賃率（1時間当たりのコスト）を設定する方法として、ストップウォッチを用いて作業の標準時間を設定する時間研究を提唱し、これをベースにした科学的管理法によって生産現場に「管理（management）」が導入された。

　また、ギルブレスはレンガ積み工として作業を観察する中で、「人が行う作業には必ず唯一最善の作業方法（One Best Way）が存在する」ことに気づき、人間の動作を18種類の動作要素に分解して分析する方法を開発した。これが、いわゆる「オールド IE」「狭義のIE」と呼ばれているもので、これによって生産現場における生産性が飛躍的に向上した。特に日本では戦後、製造業における品質や生産性の向上に大きく貢献し、世界で競争力のある高品質・低価格の製品を生み出すことに成功した。

F. W. テイラー

F. B. ギルブレス

Q3 IEって工場の現場改善のために使う手法なのでは？

A 間接部門や病院や旅館、テーマパークなど使われる場は多種多様

確かに、そのイメージがあるかもしれないわ。テイラーとギルブレスが主に工場での生産性の改善に大きな効果を上げたからね。加えて、2人の思想を引き継いだフォード（Henry Ford）が、自動車の生産において、ライン生産方式による大量生産技術を開発したから、工場の現場改善向けと思われがちなのかもしれない。

　でも、最近はサービス業でもどんどん活用されて、成果が出ているの。例えば、箱根にある江戸時代から続く老舗温泉旅館では、いわゆる旅館の伝統的サービスの中に「ムダがないか」という視点から「やめる仕事」の発見に努め、作業の見直しによる労働時間の削減を実現したわ。その結果、低価格路線を維持しつつ利益を出すことに成功したということでよく知られている。この例はまさに、仕事のやり方のムダを見つけて価値を最大化する、IEの考え方を実践した成功事例よ。世界的に人気のあるテーマパークでもIEが活用されていて、IEマネージャーがいるくらいなの。

　こうして、IEへの理解がより深まると、佐藤くんは自分の仕事にもムダがたくさんある気がしてきました。でも、いったいどうしたら今やっている仕事のどこにムダがあるのかがわかり、どうすればそれをなくすことができるのか、座学で学んだ方法と実際が、今ひとつ結びついてこないようです。

コラム　IEの歴史（その2）

　20世紀後半になると、生産における人間のモチベーションに関する分析が注目され、心理学や人間工学における研究が取り入れられてきた。

　対象とする範囲も、工場から経営全体、サプライチェーンへと広がっていった。それにコンピュータの発明が加わって、最適化手法や統計学、データ分析などを取り入れた研究へと深化している。アメリカでは、これらすべてをIEと称する場合もある。日本では、テイラーの時代のIEを「オールドIE」「狭義のIE」、最適化手法やデータ解析を取り入れた数理的手法を取り入れたIEを「モダンIE」「広義のIE」というように、区別する場合もある。

　IEが対象とする仕事は、人間を中心とした設備、資材、エネルギーなどを含むシステム全体であるため、生産現場のみならず間接業務やサービスシステム、そして社会全体も対象と成り得る。最近では、サービスの生産性向上のために病院、旅館、スーパーマーケット、テーマパークなどでもIEを活用した改善が行われている。

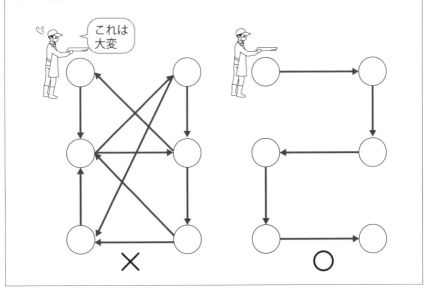

Q4 「ムダ」を見つけるって、どうやれば見つかるのでしょうか？

A 業務ごとに価値を定義すれば「ムダ」は見えてくる

まず、企業活動において「ムダ」とは何かを、もう少し詳しく説明します。企業活動の目的は、顧客のニーズに合った商品やサービスを提供し、それに対する対価としての利益を得ることによって社会的責任を果たしていくことだよね。そのための商品やサービスをつくり出す仕組みが「生産」。生産とは、「生産要素である素材など低い価値の経済財を投入して、より高い価値の財に変換する行為または活動」と定義されてるの（**図1-1**）。したがって、企業活動の中でこの価値を生まない動作、作業、仕事が「ムダ」なのよ。

例えば生産工場では、作業者は手を動かしたり機械を操作したりしてモノをつくっているよね。対象とする材料に物理的・化学的変化を与えることで、価値を付加して製品に変換しているといえる。でも、何もしないでただ立っていれば、価値を生んでいることにならないから、それは「ムダ」。

一方、ホテルのドアマンの場合を考えてみて。ホテルのドアマンは、来訪したお客様をいち早く見つけてドアを開けることが彼の役割で、それこそが価値を生む活動でしょ。だからこの場合、立っていることはムダとはいえない。

このように価値とは、「製品またはサービスの価値の中で、自己の企業活動の結果として新たに付加された価値」といえるわ。だから対象業務ごとに価値を定義することで、ムダが見えてくるというわけ。

「価値を生まない活動がムダだから、業務の中で価値を生む作業と生まない作業を見える化していくことがIEのアプローチ」ということは納得できた佐藤くん。では具体的に、どんな方法を使えば価値を生まない「ムダ」を見つけ出すことができるのでしょうか？

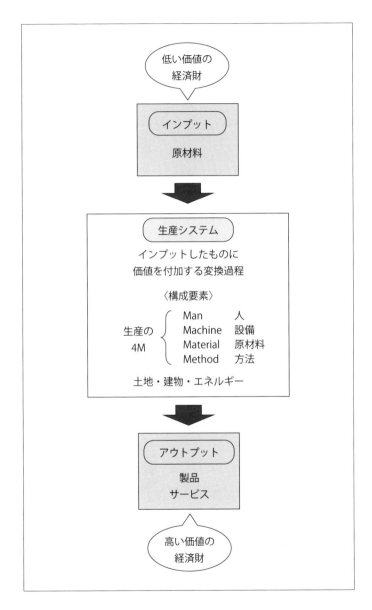

図1-1　生産システム

Q5 手法もいろいろな種類がありますが、どんな違いがあるんですか？

A 分析的アプローチと設計的アプローチの2つの手法がある

IEのアプローチには、「分析的アプローチ」と「設計的アプローチ」との2つがあるのよ（**図1-2**）。

　分析的アプローチとは、「現状のシステム」に存在しているさまざまな制約の中でムダと定義できるものを発見し、それを改善することにより制約を排除していって「目標システム（あるべき姿）」に近づけていく手法。例えば、「モノの流れ」のムダに着目する手法としては、工程分析、流れ線図、運搬分析などが知られている。他にも「人の動き」のムダに着目する手法としては、時間研究、稼働分析（ワークサンプリング、MMチャート（マン・マシン・チャート）など、動作研究などがよく知られているよね（第3章参照）。これらの手法

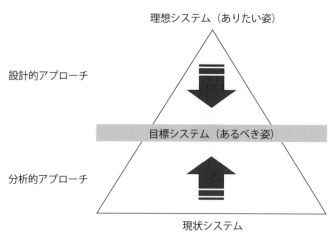

図1-2　分析的アプローチと設計的アプローチ

は、現状のシステムの中の「ムダ」を、客観的手法に基づいて顕在化することに重きが置かれているわ。

 一方で設計的アプローチは、「理想システム（ありたい姿）」をまず定義し、現実の制約を考慮しながら、実行可能なシステムである「目標システム（あるべき姿）」を導き出すものです。

　例えば、資材の在庫管理では、1回当たりの発注費用や保管費用などを入力情報とし、総在庫費用を評価関数として定式化し、最小化問題を解くことによって最適な発注計画を求めることができる。もちろん、そのまま導き出された「理想システム（ありたい姿）」を実施できればよいけれど、最適な発注量が求められたとしても、現実には倉庫面積に上限があって一度に運び込めなかったり、その発注量を効率よく運ぶ物流手段がなかったりといった現実の制約が存在して、完璧な「理想システム（ありたい姿）」はなかなか実施できないことが多いの。なので、「理想システム（ありたい姿）」を現実化する際の、阻害要因である制約をどのように排除できるかの検討を行いながら、実現の可能性がある「目標システム（あるべき姿）」をつくり上げていく、主に新規システムの構築に用いられることが多いわね。
　でも、それだけでなく現状のシステムを改善する際にも、制約条件のない「理想システム（ありたい姿）」から、「目標システム（あるべき姿）」をつくり上げた後に、現状のシステムとの違いによってムダを明確化するという方法もあります。「理想システム（ありたい姿）」をつくる際には、数理的技法やワークデザインなどが用いられ、昨今のICT（情報通信技術）の進展によって処理できるデータの量も増加し質も向上しているため、適用範囲が広がってきているわ。

　ムダを見つける方法については、何となくイメージが湧いてきました。でも、ムダが見つかってもそれをどうやってなくしていけばよいか、そんな簡単にアイデアが思いつくとは思えません。どのようにして問題解決につなげればよいのでしょうか？

コラム　分析的アプローチ「流れ線図」の使用例

　流れ線図は、レイアウト図面上にモノの流れや作業者の動きを発生順序に従って、「加工（○）・検査（□or◇）・貯蔵（▽）」の各記号を1本の線で結んで表したものである。

　図1-3は、キャベツを「洗浄（○）」し、「カット（○）」した後、「袋詰（○）」して、その袋を決められた数ずつ箱に入れて「包装（○）」したものを出荷するカットキャベツ工場の流れ線図を示している。この図より、カット後と袋詰後に2カ所の貯蔵があり、「在庫のムダ」が発生している。また、カット後の置場から袋詰への運搬と包装後出入口までの運搬に交差が見られ、「運搬のムダ」が発生している。

　その結果から、「交差がなくなるように機械の配置を変更する」「2カ所で発生している貯蔵がなくなるように工程の内容を変更する」という改善を行うことにより、新しいレイアウトを作成したものが**図1-4**である。これによって、「運搬のムダ」と「在庫のムダ」をなくすことができる。

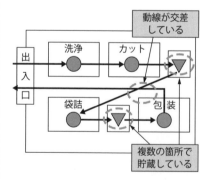

図1-3　カットキャベツ工場の流れ線図（現状）

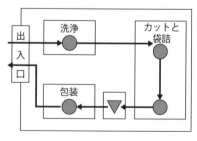

図1-4　カットキャベツ工場の流れ線図（改善後）

設計的アプローチ
「SLP（Systematic Layout Planning）」の使用例

　SLPはリチャード・ミューサー（R.Muther）によって提唱されたあらゆる施設の新規レイアウト計画を体系的に整理し、普遍的に応用できる手法として開発された。その特徴は単にレイアウトは施設をどのように配置するかととらえるのではなく、全体の計画手順を整理したところにある（**図1-5**）。

　SLPではまず、すべての配置対象（アクティビティ）間について、モノの流れとアクティビティ相互関係を整理し、入力情報とする。アクティビティ相互関係とは、配置対象であるアクティビティ同士が、どの程度近くに配置する必要があるのか（近接性）を評価したもの（**表1-1**）で、その近接性の評価値に基づいて、面積形状を考慮しない状態での理想的な配置を求めたものがアクティビティ相互関係ダイヤグラムである（**図1-6**）。次に作成されたアクティビティ相互関係ダイヤグラムをもとに、それに各アクティビティの面積・形状、全体の敷地の面積・形状・制約条件を考慮しながら、実行可能なレイアウト案を作成していく。

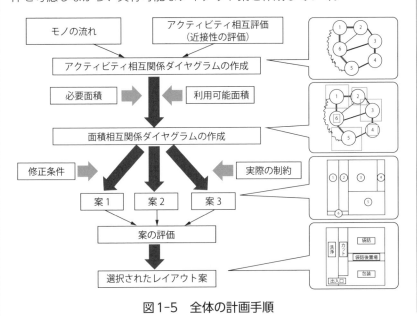

図1-5　全体の計画手順

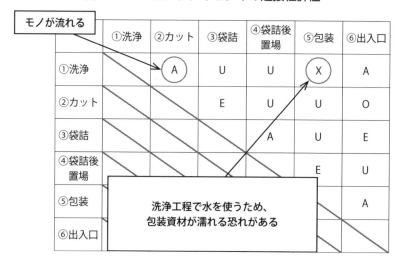

表1-1　6つのアクティビティの近接性評価

モノが流れる	①洗浄	②カット	③袋詰	④袋詰後置場	⑤包装	⑥出入口
①洗浄		A	U	U	X	A
②カット			E	U	U	O
③袋詰				A	U	E
④袋詰後置場					E	U
⑤包装						A
⑥出入口						

洗浄工程で水を使うため、包装資材が濡れる恐れがある

表1-2　アクティビティ相互関係の評価基準

近づけたい度合い（近接性）		記号
強い	絶対に必要	A
↑	特に必要	E
	重要	I
↓	通常の強さ	O
弱い	重要ではない	U
近づけたくない	望ましくない	X

　キャベツを「洗浄」し、「カット」した後、「袋詰」して、その袋を決められた数ずつ箱に入れて「包装」したものを出荷するカットキャベツ工場の新規レイアウト案の作成を、SLPを用いて実施する。
　まず配置対象となる6つのアクティビティ（「①洗浄」「②カット」「③袋詰」「④袋詰後置場」「⑤包装」「⑥出入口」）を2つずつペアにして、その2つを近くに配置する必要性の度合い（近接性）を**表1-2**に示す6段階で評価する。
　近接性の評価を行った結果（表1-1）から、Aの評価が入っているアクティビティのペアを、次ページに示すように線で結ぶ。

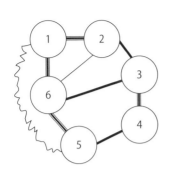

図1-6　アクティビティ相互関
係ダイヤグラム

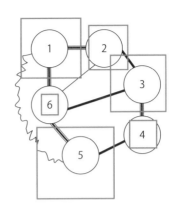

図1-7　面積相互関係ダイヤグラム

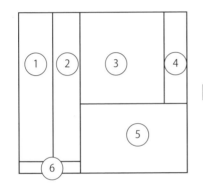

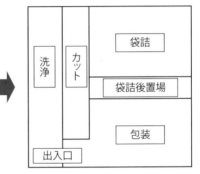

図1-8　新規レイアウトへの展開

　これをすべてのA評価のアクティビティのペアについて書き入れる。A
評価が終わったら、次にE、I、Oの順番ですべてのアクティビティについ
て書き入れる。その結果が、図1-6に示したアクティビティ相互関係ダ
イヤグラムである。その後、図1-6の上に①から⑥までの必要面積を示
す正方形の□を載せ、**図1-7**の面積相互関係ダイヤグラムを作成する。

　最後に、図1-7を建物の外形に収まるように①から⑤の□を変形させ
て、レイアウト図を作成する（**図1-8**）。

Q6 「ムダ」を見つけた後、「改善」に結びつけるにはどうしたらよいのでしょうか？

A 問題解決には共通の手順がある

　ムダを見つけて、現状のシステムに関する問題が発見できたら、それを問題解決に結びつけるには共通の手順があるのよ（**図1-8**）。まず、最初の手順1では、発見したムダを整理して問題を認識し、解決の目的・対象・範囲を決める。その課題整理に役立つ整理のポイントが、生産管理の3要素とか仕事のモノサシといわれる「QCD」や管理指標の「PQCDSME」よ（23ページコラム参照）。また、そもそも、なぜその問題解決が必要かという目的の明確化も重要です。どんなにすばらしい成果を上げる施策でも、それが組織のあり方や経営方針、経営目標と相反するものであればよい解決案とはいえないから。

　次にやるのは手順2の現状分析ね。問題を定量的に把握するためのさまざまな分析手法の中から最適な方法を選択し、ムダを定量的に見える化することが重要。そして、そのムダがなぜ発生しているかの真の原因を追究する。それが明確になれば、改善の方向性はおのずと見えてくるものなの。

　次の手順3は、改善の方向づけと改善案の作成。手順2で、真の原因が明確になれば改善の方向性は見えてくるけど、それを改善するための具体的方法を検討するステップね。ただ、改善案を作成する際に気をつけなければならないことは、どのレベルでの案を作成するか。やみくもにコストをかければ、簡単な改善案を作成することは可能かもしれないし、その前提条件をあいまいにしたままどの改善案が最適かを議論しても意味がないわ。だから、まずコストがまったくかからない「動作レベル」での改善案の検討を行い、「作業レベル」「治工具レベル」と段階を上げながら検討することが大事よ（**図1-9**）。

　このように改善案が作成できたら、次の手順4では、改善案の実施計画を作成し、実施した後の評価を行います。そして、これでうまく

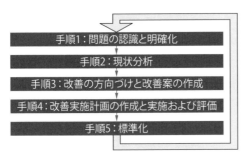

図1-8　問題解決の手順　　図1-9　改善案作成のレベル

いったら「OK！　おしまい！」ではなく、最後の手順5では改善案を一過性のものに終わらせないために、それが標準となるように定着させることができてはじめて問題解決が完了するの。

　話を聞いていると、とても理路整然と聞こえるし、納得できると思った佐藤くん。でも、実際に自分が現場に立ったら、そんなに簡単にできるのだろうかと不安になってきます。どうやったら学んだ知識を最大限に活用し、成果を出すことができるのでしょうか？

コラム　QCDとPQCDSME

　企業活動が、顧客の要求を満たす製品やサービスを算出することが目的であるという観点から、その活動の良し悪しを測るモノサシが、Q（Quality：品質）・C（Cost：コスト）・D（Delivery：納期）」である。生産管理の3要素とも呼ばれる。

　一方、PQCDSMEは企業活動の管理に用いられる管理指標である。

P（Productivity：生産性）：インプット（投入された資源）に対して、どれだけのアウトプット（付加価値）が生み出されたかの尺度。生産性＝産出量（output）／投入量（input）
Q（Quality：品質）：設定された規格を満足しているかどうか
C（Cost：コスト）：同じアウトプットを生み出すのにどれだけ安い原価で実現できたか
D（Delivery：納期）：顧客が要求する数量をどれだけ短い時間で提供できたか
S（Safety：安全）：安全に作業が実施できているか
M（Morale：モラール）：働く人たちがどれだけ意欲的に仕事に取り組めているか
E（Environment：環境）：環境に対して負荷をかけない生産の仕組みであるか

Q7 IEってどうやって学んだら職場で成果を出せるようになりますか？

A 「理論を学ぶ」「現場で実践する」ことの繰り返しが大切

IEの考え方・見方を身につけ、実際の現場で適切に業務できる人材は「IEr（アイ・イー・ヤー）」と呼ばれているのよ。でも、誤解して欲しくないのは、「与えられた問題を解決する方法・手順を身につけること」がゴールではないということ。

重要なのは、「問題を発見する目」を持つことなの。だから、上司から「この職場のここに存在するこのムダをなくすために、どうすればよいか考えなさい」と指示されて、IEツールを使って改善案を作成できるだけでは真のIErとはいえない。

そうではなくて、例えば、工場に置かれた部品の在庫を見て、「ここに置くべきか？」「これだけの量を置くべきか？」と感じるかどうかがカギになるの。こんな風に感じたり気づいたりするには、IEの理論を学んだ後の「現場での実践」がとても重要になってくる。この「理論を学ぶ」⇒「現場で実践する」というサイクルを繰り返すことによって、さまざまな場面における「ムダを見つける目」を養うことができるようになるのよ。

来週からの実践研修でみっちりしごいてあげるから、覚悟しておいてね！

というわけで、実際にIErが育っていくストーリーを、第2章から紹介していきたいと思います。

【参考文献】(第1章)
・吉本一穂，大成尚，渡辺健「メソッドエンジニアリング」朝倉書店（2001年）
・金谷孝「CIM構築のための生産システム設計」NKS情報ネットワーク（1992年）
・藤田彰久「新版IEの基礎」建帛社（1978年）
・吉良隆史「生産管理総論」三恵社（2014年）
・リチャード・ミューサー「工場レイアウトの技術」日本能率協会（1964年）

第2章

新人IErが
身につけたい
実践の勘どころ

IE自動車のＺ工場では、新たに配属された新人へのオリエンテーションが始まっています。

　「ようやく研修も終わって、『さあ、仕事でバリバリ活躍するぞ』と思ってきたら、また工場での生活だの安全だのの教育。一体いつから仕事が始まるのかな？」

　「まあ、座学は今日だけだし、明日からは各職場回りが4日間。それが終われば仕事できるさ…」

　生産管理部に配属された佐藤くんは、同期から話しかけられてそう答えました。バリバリ活躍か。大学では工学部で機械工学を専攻。ドライブ好きとメカ好きが高じてIE自動車に入社しましたが、生産管理という仕事についてはあまりイメージが沸きません。大丈夫かな。まあ、教育してくれると聞いているし、何とかなるか…。

　職場回りの後は、今度は2日間の生産管理の教育。一言で「生産管理」といっても、その業務の幅広さには驚かされます。工程管理、在庫管理、品質管理、コスト管理、人員管理などなど。およそ工場で管理と名のつくものは、みんな生産管理部の仕事か、と思ってしまいます。自分でもできるんだろうか。そんな不安がまた少し頭をもたげます。

　2日間の教育が終わり、夕方、初めて配属職場に連れて行かれました。広い事務所の一角にある生産管理部です。見ると女性が手を振っています。

 おーい、佐藤く～ん！　待ってたよ～。こっちこっち～。

との声に、佐藤くんも自然と急ぎ足に。

 鈴木さん、その節はありがとうございました。今日から、よろしくお願いします。

 こちらこそ、よろしくね。何をびっくりしているの？　生産管理部は女性も多いんだよ。しっかり頑張ってね！

　差し出された右手を、佐藤くんは思わず無言で握り返しました。鈴木さんはすっと通った鼻筋に意思の強さを感じると同時に、目には優しさも感じられます。

　まずはIEからよ。IEといっても現場改善だけじゃないからね。IEは製造業の、いやすべての企業・組織の生産性向上の基本。さあ、明日から勉強よ！

　は、はい！

　いよいよ佐藤くんのIEの旅が始まります。

●2章のマッピング

虫の目　細かい　　　粗い　鳥の目

レイヤー	動作・作業	工程	ライン	施設全体	経営
対象	作業者	人・モノ・設備	ライン	レイアウト・物流	サプライチェーン
場面	電装部品の組立	溶接課サブ工程	組立ライン	工場全体	部品調達から顧客への納品に至る物流全般
着眼点（目的）	動作のムダ	手待ちのムダ 運搬のムダ	つくりすぎのムダ	運搬のムダ 在庫のムダ	経営資源のムダ
ポイント・手法・考え方	動作研究	稼働分析（ワークサンプリング）	ラインバランシング	流れ線図	経営の3要素と経営資源
	動作経済の原則（ストライクゾーン・定置化）	工程分析	混流生産・平準化生産	DI分析	損益分岐点
	ECRSの原則	流れ線図	多能工管理（スキルマップ）	VSM（モノと情報の流れ図）	需要予測と生産計画
	標準時間	MMチャート	ニンベンのついた自働化	在庫管理（流動数分析）	発注方策（定期発注方式、定量発注方式）
			小ロット化と段取改善（内段取りの外段取り化）	プッシュ生産・プル生産（かんばん）	生産情報システム（MES、MRP、ERP）
					グローバルサプライチェーン
					人材育成

2-1 動作・作業

本節のテーマ 作業者の「動作のムダ」に着目し、正常作業域で作業ができるようにしよう

本節のポイント

◇「虫の目」「鳥の目」で現場を見る
◇合理的に作業を行うには「動作経済の原則」で考える
◇「動作のムダ」が作業改善の第一歩
◇改善策を考えるには順番がある
◇「標準時間」がないと生産計画は立てられない
◇「定置化」すれば作業時間は短縮される

◇ 「虫の目」「鳥の目」で現場を見る

　生産管理部に配属された新人の佐藤くんは、先輩の鈴木さんに連れられてさっそく現場に。研修でIEや現場の見方を教わってきたものの、現場で改善の仕事をするのは今日が初めてです。いやが上にも緊張が高まります。そんな佐藤くんを見て、鈴木さんは励ましているのか脅かしているのかわからない言葉を投げかけます。

習うより慣れろ、よ。現場改善は現場に行かないとね。足しげく通うといいわ。でも、現場には怖いおじさんもいるから気をつけてね。

　連れて行かれたのは、電装部品を組み立てる現場でした。そこは鈴木さんがこれまでに改善を進めてきた現場。5人の作業者が横に並び、それぞれが組み立てた部品を隣の作業者に渡しています。部品を基板にねじ止めし、はんだを使って簡易的な配線をし、またコネクタに配線をつなぐといった作業をしています。作業者の両手がスムーズに動き、手を伸ばして部品を取り基板に組みつ

図2-1-1　虫の目による視点

けていく作業が続いています。鈴木さんの自慢に満ちた説明を聞いた後、佐藤くんは感想を求められ、こういいました。

 休みなく作業者が動いていますね。部品も流れるように組みつけられています。さすが鈴木さん。

 お世辞はいいから。研修で**「虫の目」「鳥の目」**を教わったでしょ。今日は「虫の目」で作業者の動きを見てみましょう。

　佐藤くんは、研修で教わった「虫の目」を慌てて思い出します。
　虫の目とは、地面に接して動き回る虫のように、現場で起きている物事にできるだけ近づき、しかもまさに虫の目である「複眼」で多様な角度から現場を観察する視点のことです。一方、鳥の目は、上空を飛ぶ鳥が地表を見るように今、現場全体で起きていることを俯瞰的に把握する視点のことです。佐藤くんは「虫の目、虫の目…」と唱えながら、鈴木さんについていきます。

 虫の目で見るということは、作業者の動作と作業を見ることよ。工程、作業、動作の順に細かくなっていくわよね（**図2-1-1**）。

 それはIE研修で教わりました。今日は作業者の動作と作業ですね。

◇合理的に作業を行うには「動作経済の原則」で考える

さて、次に2人は別の現場へ。

ここもさっきの現場と同じで、電装部品を組み立てているんだけど、私たち生産管理部が次に改善に着手する現場なの。この現場を見て、どんな風に感じる？　さっきの現場とは何が違うかな？

　見ると、先ほどの現場よりは少し大きな部品の組立をしています。「ようし！」と気合を入れた佐藤くんですが、いきなり聞かれてもどこが違うか、さっぱりわかりません。

う〜ん。作業者は休みなく動いているし、部品も流れています。どこが違うかな…。

「**動作経済の原則**」を教わったでしょ。原則はたくさんあるけど、ポイントは、原則1「動作の数を少なくする」、原則2「両手を同時に使う」、原則3「移動の距離を短縮する」、原則4「動作を楽にする」、の4つだったよね。では、まず原則3の移動の距離を短縮するという視点ではどうかしら？

そうですね、そういえば、さっきの現場の作業者に比べると、作業者の動きが大きいような。今、その作業者が振り向いて部品を取りましたね。また振り向いている。それに…左手で部品を取っている間、右手が動いていませんね。さっきの現場ではもっと動作が、何ていうかコンパクトで、両手が同時に動いていました。それに、足元の箱から部品を取って持ち上げています。部品を取りつけていく基板ですね。腰を曲げて取っていますね。

だんだん「虫の目」で、いろいろな視点で見られるようになってきたわね。そうなのよ、部品が大きいからどうしても部品ケースも大きくなり、置く場所がないから足元に置いたり、作業者の後ろに置いてしまったりしているの。そうなると動作が大きくなって、当然移動の距離は長いし、片手を伸ばして部品を取りに行くと、もう片方の手は作業できなくなってしまう。部品や治具の配置をもっとコンパクトにすれば、両手の動作を同時にできるし、移動の距離も短くできるよね。そう、「**ストライクゾーン**」の中で作業ができるように変えていかないと…。

いつしか鈴木さんも、改善視点で作業を見ていました。

「ストライクゾーン」ですか？

佐藤くんは初めて聞く言葉を聞き返しました。野球じゃないし、何だろう？

そうか、ストライクゾーンのことは教えてなかったわね。正確には「**正常作業域**」というんだけど、上半身を動かさずに、しかも肘を支点にして作業できる範囲のことよ。この範囲で作業できれば、原則3の移動の距離の短縮にもなるし、原則2の両手を同時に使った作業ができる。それに、楽だから原則4も達成できるわ。

正常作業域で全作業ができるといいんですね。

そうなんだけど、部品が大きかったり部品点数が多かったりすると、正常作業域だけでは作業を組み立てるのが難しいの。そうなると、肩を支点にして手を伸ばして作業できる範囲、つまり最大作業域での作業も入ってくることになるわ。でも、腰をかがめたりするのは、基本的にはNGよ。

ということは、振り向くのもダメですね。

 もちろん減らしたい動作よね。動作経済の原則1に即して考えてみると、部品の置き方を工夫すれば、振り向くという動作を減らせるわ。部品が大きいと、作業者の後ろから供給しなければならないときもあるけど、基本的には前から部品を供給すべきね。

コラム 正常作業域とストライクゾーン

　作業者が身体を動かすのに必要な作業範囲を作業空間、あるいは作業域という。作業空間には正常作業域（点線）と最大作業域（実線）がある（図2-1-2）。正常作業域は本編のストーリーに出てきたように、上腕を身体に近づけ、前腕を自然な状態で動かした範囲。ストライクゾーンなどと呼ばれることもある。最大作業域は、固定した肩を中心に、手を最大に伸ばしたときの届く範囲。振り返ったりしゃがんだりすることは肩が動くことになるので、最大作業域も超えることになる。なるべく正常作業域の範囲内で、作業ができるように作業配置を考えるといいだろう。

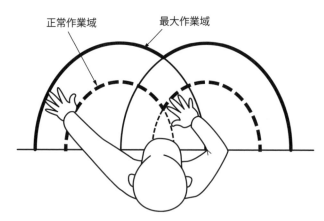

図2-1-2　正常作業域（点線）と最大作業域（実線）

今、作業者が部品を取ろうとして部品箱の中で手をごそごそ動かしていました。

そこも改善できるわ。部品箱の中に部品が乱雑に入っていると、部品をつかんだ後に取付方向に合わせなくてはならない。場合によっては、持ち替えて両手を使わなければならなくなる。ごそごそしていたのは、取りつけやすい向きで部品を取りたいからよね。

なるほど。作業者も工夫しながらやっているんですね。

それはそうだけど、もし部品が乱雑に入っていなくて、同じ向きに並んでいたらどうなるかな。作業者は部品の向きに気をつける必要がなく、取った向きでそのまま部品を取りつければいい。部品の向きを合わせるための動作を減らせるわ。そういう改善を進めていくと、作業者の作業は楽になるはずよ。

◇ 「動作のムダ」が作業改善の第一歩

　2人は作業者の観察を続けます。真剣に作業者を見ている佐藤くんに、鈴木さんがいいます。

今日は虫の目で見ようといったよね。IEの言葉でいうと、動作研究に相当します。動作研究の代表的な方法は、両手作業分析、サーブリッグ分析、それと動画を使った分析があるのよ。これらの分析によって、ムダの少ない動作順序や方法、部品・材料、治具や作業配置を改善していくことができるわ。動作研究は後で詳しく実践するとして、こういう分析をすることで、モーション・マインドを身につけることが大切だったよね。

モーション・マインド…。作業や動作の問題点に気づき、効率的な方法を探す心掛けでしたね。

その通り。今見ているあの作業者は、部品箱で部品の向きを気にして部品を取っているけれど、できたらこれはなくしたい作業なんです。なぜだかわかる？

ムダな動きだからですか。研修の中で教わりました。

そうね。では、ムダとは何だっけ？

え～と…。

佐藤くんは研修のことを思い出します。

ムダとは、価値を生まないことですか。

そうね、ムダとは価値を生まないこと。メーカーでは、製品をつくってお客様にお届けする。そのために材料を仕入れて加工し、部品を買ってきて、そして組み立てて、検査している。製造現場では、材料を加工したり、組みつけたりすることが付加価値なのよ。削ったり、組みつけたりするモノの形が変わる過程、それからモノの性質が変わる過程、そういうプロセスが価値を生んでいるの。

　IEでは、価値を生むことに直接的に寄与する作業を「主作業」、間接的に寄与する作業を「付随作業」といいます。佐藤くんは考えます。削ったりすることは部品の加工、組みつけたりするのは組立作業なのはわかりますが、モノの性質が変わる作業とは何でしょう？

モノの性質が変わる過程ですか？

"焼き入れ"とか"焼きなまし"という言葉を聞いたことがあるでしょ。金属を加熱し急激に冷やすことで金属の組成が変化し、硬さが増したり柔軟性が出たりすることよ。こういう作業が、モノの性質が変わる過程なの。

モノの性質が変わる作業はわかりました。そして、もう1つ。作業者がやっている作業の中で、「価値を生んでいる動き」と「生んでいない動き」があるということが、佐藤くんには腑に落ちません。目の前の作業者の動きは、どれも必要に思えます。すると作業者が、また左手を部品へ伸ばし、箱の中で手を動かしています。その間、右手は動いていません。

価値を生まないとは…。そうか、それが部品の向きを変えたりする動きなんですね。

そうね。探す、位置を決める、選ぶ、考える、待つという動作は直接価値を生まないだけでなく、作業を遅らせる要因になるから、作業中に発生させない工夫が必要なの。「**7つのムダ**」も覚えたかな？　これは、その中の「**動作のムダ**」ね。これが作業改善の第一歩よ。

 7つのムダ

　トヨタ生産方式では、ムダの徹底的な排除をめざしている。そこで、ムダを次の7つに分けて考え、削減を進める。

①**つくりすぎのムダ**：その時点では必要がないモノをつくること。つくりすぎている間は、見かけ上は働いているので「手待ちのムダ」や「動作のムダ」などが隠れてしまうため、7つのムダの中でも一番悪いムダといわれている

②**手待ちのムダ**：作業者が作業をしていない状態

③**運搬のムダ**：必要以上のモノの移動・仮置き・積み替えなど

④**加工そのもののムダ**：本来必要のない作業や検査を行うこと

⑤**在庫のムダ**：在庫すべき理由が明らかではない在庫はすべてムダである

⑥**動作のムダ**：付加価値を生んでいない不要な動きのこと

⑦**不良をつくるムダ**：不良品を発生させ、それを廃棄することや手直しやつくり直しをすること

◇改善策を考えるには順番がある

鈴木さんは続けます。

動作経済の原則、そして7つのムダ。これは改善の視点を教えてくれるわ。では、具体的にどこから改善に着手すればいいのか。これが、なかなか難しいのよ。

確かに、どこから手をつけてよいのか…。

そんなときは、「ECRSの原則」で考えてみましょう。人によって「イー・シー・アール・エス」といったり、「イクルス」といったりしているわ。これは改善の順番を示したもので、①Eliminate：なくせないか、②Combine：一緒にできないか、③Rearrange：順序の変更はできないか、④Simplify：単純化できないか、という改善を進める順番の指針ね。それぞれの英語の頭文字を取ってECRSと呼んでいるのよ。

作業をなくしたり、一緒にしたりすると作業が減りますね。これは動作経済の原則1の、動作の数を減らすに通じますね。7つのムダでいえば、加工そのもののムダや動作のムダを減らすことですね。

そうね。それに作業の順序を変更することで、両手を使って動作を同時に行うという、動作経済の原則2が適用できるわ。

でも、うまく作業の順番や部品とか治具の配置を決められる自信が…。

例えば、身近なもので考えてみるといいわよ。佐藤くんはデジタルネイティブだから、スマホは体の一部よね。1日に何回くらいスマホを取り出して見るかしら？

考えたこともありません。確かに常に手元に置いてはいますが…。

10分に1回見るとすると、1日朝7時から夜寝る12時まで、17時間で102回。1回スマホを取り出して、パスコードをそのたびに入力することを考えると、1回5秒としても510秒、8.5分も費やしてるじゃない！

はあ…。そういわれれば、そうですけど。最近は指紋認証とか顔認証とかありますから…。

そう、毎回のパスコードを入力する手間をなくせないかって考えると、指紋認証とか顔認証とか新しい方法を思いつくってわけ。スマホの使い方を思い出して、ECRSの原則2の一緒にできないかというのは思いつかない？

そうですね…。毎朝電車に乗るときに定期を出すんですが、スマホを持っているので結構面倒で、一緒になってたら便利ですよね。あ、それでモバイルICカードだ！

そうね。日常の自分の動作についても、不便だなとか、ムダだなと感じることをスルーせず観察してみると、だんだんとモーション・マインドが育って、動作経済の原則の適用のコツを身につけることができるわ。それに、最初から100点をめざさないことよ。小さなことを少しずつでも改善を進めていけば、必ずよい動作、作業に近づいていくの。

　あらためて佐藤くんは、現場を、作業者の動きを見つめ直します。改善が必要な現場だと鈴木さんはいいますが、佐藤くんは作業者が休むことなく動いている様子に感心しているようです。

 でも、僕なんかはこんなに早く作業できないですね。

 じゃあ、今度は作業のスピードの話をしましょう。IEでは、「**時間研究**」で「**標準時間**」を決めていくのよ。標準時間がないと、１日に製品を何個つくれるかがわからない。そうすると、生産計画が立てられないよね。時間研究はF.W.テイラーが確立した方法よ。

 テイラー。IEの父ですね！

 作業と動作、今日も何度か出てきたけど、動作研究の中では、細かい動きから順番に「動作」「作業」「工程」という動きのレベルが区分されています。動作も細かく見ると、「手を伸ばす」とか「つかむ」という「要素動作」と、それを組み合わせて「ドライバーを取る」とか「ねじを締める」などの「単位動作」に分けられるわ。動作研究は、作業者の動作に着目して、ムダのない効率的な作業を考えていく手法なの。一方、時間研究は、作業を"時間"という観点で捉えて、作業改善や標準時間を設定する手法よ。

 でも、僕がやったら、あの作業者ほどスムーズに作業ができません。人によって作業スピードに違いがあるのではないですか？

コラム　作業研究

　いろいろな分析が出てきたので、ここで整理しておこう。JISでは作業研究を、「作業を分析して最も適切な作業方法である標準作業の決定と、標準作業を行うときの所要時間から標準時間を求めるための一連の手法体系」としている。さらに、「作業研究は方法工学ともいい、方法研究と作業測定から構成される」とある。作業研究の手法は、**図2-1-3**のように体系化されている。

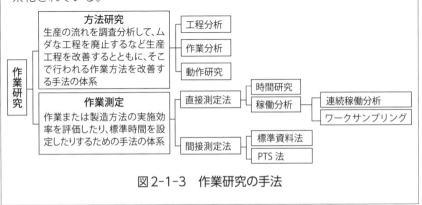

図2-1-3　作業研究の手法

そうよ。生産管理では「**バラツキ**」といういい方をすることが多いの。人による違いもあるし、作業別に適性もある。それに同じ作業を何度も繰り返していれば、そのうちスピードが上がってくることもあるわ。それを「**習熟度**」と呼んでいるのよ。

習熟するとスピードが上がるんですね。僕も早くできるようになるかな。でも、待ってください。そうすると、標準時間というのはどうなるんですか？　人によってもスピードが違うし、同じ人でも慣れてくると早くなるんですよね。

標準時間は、その作業に適性があって、習熟した作業者が決められた

作業条件で余裕をもって作業できる時間なの。条件というのは、使う設備や治具も入るし、それから気温や明るさもあるわ。

標準時間にもちゃんと考え方があるんですね。

◇「定置化」すれば作業時間は短縮される

　その後、今見ていた作業者①（改善前）と、その前に見た改善後の現場の作業者②（改善後）の両手作業分析と動画撮影を行い、事務所に戻りました。佐藤くんは結果をまとめると、鈴木さんに見せました（**表2-1-1**）。

鈴木さん、結果が出ました。まずは、両手作業分析の結果です。作業者①は右手に比べ左手の「保持」「手待ち」の動作が多いです。逆に右手はほぼ「作業」と「移動」となっているし、作業を見ると右手が9回、左手が4回ですから、右手中心に作業をしていることがわかります。一方、作業者②は、右手左手の作業回数もバランスが取れていて、左手の「保持」と「手待ち」の回数も減っています。

どれどれ。う～ん、なるほど。まあ妥当な結果ね。作業者①と作業者②の左右の手のバランスの違いのポイントはどこだと思う？

作業者②は、ほぼ正常作業域に部品や治工具が配置されていたので、両手でムリなく作業ができていました。作業者①は正常作業域に収まらず、最大作業域も超えて部品を取りに行っているので、どうしても左右のバランスが大きくなってしまっている、と思いました。

そうね。正常作業域で作業をすることの大切さがわかったね。作業時間のバラツキはどうなった？

表2-1-1　各作業者の作業の発生頻度の集計（単位：回）

作業者① （改善前）			
分類	左手	右手	計
作業	4	9	13
移動	4	8	12
保持	4	0	4
手待ち	6	1	7

作業者② （改善後）			
分類	左手	右手	計
作業	6	7	13
移動	5	7	12
保持	2	1	3
手待ち	2	0	2

表2-1-2　各作業者の作業ごとの観測時間（単位：分）

作業内容	作業者① （改善前）			作業者② （改善後）		
	平均時間	最大時間	最小時間	平均時間	最大時間	最小時間
部品を部品箱から取る	6	8	5	3	4	2
治具に部品を取りつける	6	7	6	5	6	5
ねじ締め（4カ所）	16	22	14	12	13	11
基板を治具から外し裏返す	3	4	3	3	3	3
はんだ付け（2カ所）	19	25	16	12	13	11
部品箱に入れる	2	2	2	2	2	2

これはどの作業も、作業者①のバラツキの方が大きいですね（**表2-1-2**）。特に、ねじ締めとはんだ付けの時間のバラツキが、作業者①は大きくなっています。

そうね。けっこう大きな差になっているわね。ねじ締めやはんだ付けの作業で何か気がついたことはある？

そういえば、作業者①は部品を置いてからねじ締めをなかなか始めなかったな…。う〜ん。位置合わせに手間取っていたのかもしれません。はんだ付けの配線の位置合わせに時間がかかっていました。後は先ほどと同じ、正常作業域の外に部品や治具が配置されていることも、バラツキの原因になるのではないでしょうか。

コラム **標準時間でのバラツキの考え方**

　作業時間を測定すると、いろいろなバラツキが出てくるが、次の３つの意味に分けられる。

①同じ条件で測定する際に発生するバラツキ

　原因としては、材料・部品の質や量のバラツキ、治工具・設備の状態や使い方のほか、気温や湿度、明るさ、天候などの作業環境が考えられる。

②同じ条件で何人かの作業者が同じ作業を実施している場合、作業者間のバラツキ

　作業のやり方や部品・材料の置き方、治工具の使い方が作業者によって異なっていることがある。作業の標準化を進める。

③違う時間帯や違う日に測定した場合、作業者の体調により発生する時刻でのバラツキ

　作業環境以外に、作業者の疲労により作業時間が変化する。

　　　　　　　（「現場のIEテキスト」日科技連出版社　を参考に加筆）

そう。作業者①のところはまだ治具がないの。ねじ穴や配線の位置合わせが簡単にできる治具を考えなくてはならないわ。標準時間だけでなく、作業も標準化して、治具、工具、部品、仕掛品を置く位置を決めなくちゃね。これを「**定置化**」といいます。できる限り正常作業域で定置化できれば、動作の距離も短く、両手で作業もしやすいし、そして動作が楽になる。つまり、ムダなく効率的に作業ができるというわけなの。

表を見ながら２人の話はしばらく続きました。

佐藤くん、一日ご苦労様。現場初日の感想はどうだったかな？

最初は、どこを見ればよいかわかりませんでしたが、ポイントを絞るとだんだん見えてくるようになった気がします。見るべきポイントが

いくつかあるんですね。

 では、作業者①の作業は、どんな風に改善できると思う？

 そうですね。僕はまず動作の距離を短くしたいと思います。そのためには、部品ケースが大きくてストライクゾーンに入らないので、部品ケースを小さくして、さらに整列させて部品を配置したいです。そうすれば、向きを合わせる動きもなくなります。あとは治具を使ってもらうことと、工具の定置化ですね。

 そう。部品の向きをそろえるためには、部品ケースの中に仕切りをつけるのがいいわ。でも、仕切りがあると部品が取りにくくなるから、部品ケースを少し傾けて手が入りやすいようにする工夫もあるのよ。

さらに鈴木さんは続けます。

 「虫の目」がわかったかしら。動作や作業改善では細かいところに注目して、必要ない作業をなくしたり動きを改善したりすることで、ムダな動きをなくして正味作業の比率を増やしていくことが大切よ。

 そうですね。定置化できれば、探すムダが省けますね。

 今日の勉強はこれでおしまい。だけど、まだ少し時間があるわ。今日は現場を見て、作業を測定して、そのデータから改善点を検討したよね。正確には現場で見て、考えたことをデータで確認したんだけど…。IEではデータを集めて改善していくのは"基本のキ"で、気をつけなくてはならない点もある。こんな事例があったの…。

といって、次のような話を始めました。

今日と同じ基板へ部品の組みつけをする現場で、新製品に使う基板の組み立

てを始めたとたん、その基板の不良率が高くなりました。新製品に使う基板と
いっても、ベースとなる基板自体はこれまで組み立ててきた基板と同じで、少
し大きめの部品を取りつける作業が新しく追加されたのです。さっそく改善
チームが乗り出し、現場のデータを測定。データをもとに作業や部品の置き
方、治具などさまざまな改善案を検討し実施しましたが、一向に不良率は減り
ません。改善チームの焦りをよそに、時間はいたずらに流れていきました。

　改善チームのメンバーの1人（Aさんとしましょう）が何度も現場を歩くう
ちに、ある日、作業台の下に部品の破片を見つけ、ちょうどそこで作業してい
た女性の作業者に聞きました。すると、女性作業者はこういいました。

　「新しい部品は組みつけにくいのです。周りにも部品があるので、うまく基
板に差し込むのが難しくて」

　見ると、確かに入れにくそうです。女性作業者に説明してもらいながら、A
さんが作業しても確かに入れにくい。

　「どうして最初にいってくれなかったの？　それに不良の原因を私たちが調
べていたのも知っていたでしょ？」

　Aさんは告げると、女性従業者はこう答えました。

　「ええ、でも何とか組み立てられていたし、生産に影響を出してはいけない
と思って。改善チームがきていたのは知っていたけれど、何だか難しそうな話
をしていて声を掛けづらかったんです」

　Aさんはハッとしました。私たちは何を見ていたんだろう。Aさんはまずそ
の女性作業者にもっといろいろなことを教えて欲しいと伝え、そして次の休憩
時間にそのラインの作業者に紙を配り、「何でもいいから、作業しにくいこと
や困っていることを書いてください。みなさんと一緒に作業を楽にしていきた
いんです」と作業者にお願いしました。

　不良の原因は、新部品の組みつけが難しく、組みつけ後の部品の位置が一定
にならず、後工程で治具に接触したり、取りつけがゆるくて接触が不十分だっ
たりしていたことでした。落ちていた破片は、治具に接触したときに壊れたも
のでしょう。改善チームは設計部門に状況を伝え、改善検討を依頼すると同時
に、作業者から出された困りごとの対策を検討しました。従来と違ったのは、
まず作業者に直接会い、状況を詳しく聞いたことです。そして、一緒に改善を
進めました。小さな改善も多くありましたが、自分たちの困りごとがなくな

り、作業が楽になっていったことに作業者自身も気づきました。

　設計部門が部品の形状を見直した結果、不良率は正常レベルに低下しました。それは確かな成果でしたが、一番の成果は改善チームと現場作業者に連携する気持ちが生まれたことです。先ほどの女性作業者は、何かあるとすぐにAさんに相談してくるようになりました。もちろん、Aさんも真剣に改善策を考えます。改善チームと現場作業者との連携関係が工場全体に拡がりました。

　このAさんって私のことよ。自慢話ではないの、その逆。ちょうど生産管理を始めて半年くらいかしら。データで改善点がわかると思っていたのね。でも特に作業の改善は、作業者の話を聞かないと、そして作業者の視点で考えないと改善が進まないことがあるのよ。それを忘れないで。私の改善活動の原点かしら…。

　鈴木さんが遠くを見ている感じだったことを、佐藤くんは覚えています。

【日常パート】暮らしの中の"ストライクゾーン"

　佐藤くん、ぐったりして帰宅。お風呂に入って疲れを癒します。湯船の中で手足を伸ばしながら、思わずつぶやきました。
　「先輩と一緒に現場を見て、いろいろ勉強になったけど、一日緊張して疲れたなあ。また、明日頑張ろう」
　髪を洗おうと頭にシャワーを浴びます。程よい温度のシャワーに気持ちよさを感じつつ、シャンプーに手を伸ばしました。いつもの位置、手が届くところに置いてあるシャンプーのボトル。目をつぶったまま手を伸ばしました。
　「そうか、これがストライクゾーンか！」
　体勢を変えずに、ヒョイと手を伸ばせば届くところにシャンプーとリンスが置いてあります。無意識のうちに、自分で作業改善をしていたようです。
　「IEって案外、身近だなあ」
　この言葉が、佐藤くんにとって今日最大の収穫だったかもしれません。

2-2 工程

対象
人・モノ・設備

本節のテーマ 「工程」を対象にムダを見つけて改善しよう

本節のポイント

◇作業者のムダを「稼働分析」で定量化する
◇モノの流れを見てムダを「工程分析」で定量化する
◇「設備の自動時間」と「手作業の時間」の関係を分析するには「MM（マン・マシン）チャート」を活用する

◇作業者のムダを「稼働分析」で定量化する

　新人の佐藤くんと先輩の鈴木さんは、自動車のボディーを生産している溶接課のサブ工程にきました。ここでは、複数の鉄パネル部品をスポット溶接することで、ボディーをつくっています。近年、溶接作業は自動化が進んできているものの、一部のサブラインでセットと取り出しは作業者、溶接作業自体はロボットと役割分担して生産している工程も多くあります。

 佐藤くん、先週は"動作"に着目した改善を行ったけど、今週はもう少し視点を広げて"工程"の改善を行いましょう。

 はい！

 この工程は、人が鉄パネル部品を治具へセットしてロボットが溶接するので、"ジグロボ工程"と呼ばれているのよ。鉄パネルは、第1工程、第2工程、第3工程と順番に加工されて、最後の検査台で検査して完成品パレットに積み込まれるの（図2-2-1）。各工程では作業者が鉄パネルと小物部品を治具にセットし、ロボットが溶接作業を行う

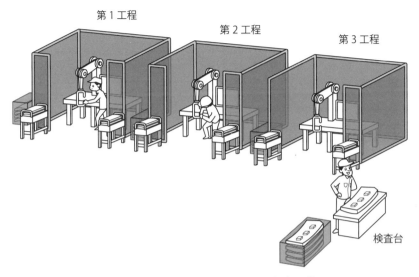

図2-2-1　サブラインで行う溶接ジグロボ工程

のよ。第3工程の作業者はロボットへのセットだけでなく、最後の検査工程も受け持っているの。また、各工程で10枚生産すると、まとめて次の工程に運搬しているわ。

なるほど。

現在この工程では、工数低減による生産性向上が求められているわ。この工程を見てどういう点が気になる？

全体的に手待ち時間が多い気がします。あと、各工程前後の仕掛在庫が多いことも気になります。

そうね。ではそれぞれの課題について、IE手法を使って現状分析をしてみましょう。まず、作業者の手待ち時間の分析には「**稼働分析**」という手法を使うのよ。先週座学で習ったわよね。実際に分析してみて。

いきなりそういわれ、佐藤くんはちょっと焦りました。それを察した鈴木さんは、やさしく助け船を出します。

 まずは「**ワークサンプリング**」で、ざっくり3人の作業者の作業の時間構成比率を求めてみて。

 わかりました。

さっそく観測板を持って観測を始めた佐藤くん。半日かかって現場を歩き回った後、明るい声でいいました。

 できました！（図2-2-2）

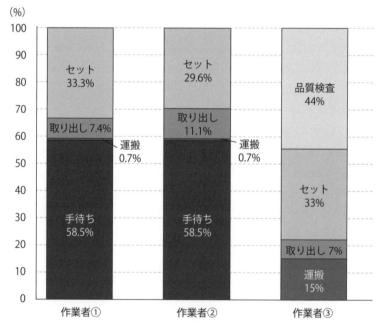

図2-2-2　ワークサンプリング結果

48

分析結果から何がわかった？

 気になっていた手待ちは、特に作業者①と作業者②に多く、全体の58％を占めていることがわかりました。

 そうね。手待ちのムダが定量的にわかったわね。でも佐藤くん、この手待ちは自工程の中でのロボットが溶接しているのを待つ手待ち？それとも前工程からパネルを待っている手待ちのどちら？

 えっ？　そういう見方で区別しませんでした。

 自工程に起因する手待ちと、前後工程の影響による手待ちでは、対策の方法が変わるの。だから、手待ちを分析する場合は、区別して分析するようにしなければいけないのよ。

 わかりました。

◇モノの流れを見てムダを「工程分析」で定量化する

 では、次に"モノの流れ"について工程分析で分析して。佐藤くん、**「工程分析」**は覚えてる？

 モノの流れをその工程順に、加工（○）検査（□or◇）運搬（⇨or○）停滞（▽orD）で表して分析する手法ですね。この分析は得意なので任せてください！

 得意なだけあって、早くできたわね！　では、工程分析結果を見て何がわかるかしら？

順序	工程名または場所	距離(m)	時間(分)	加工○	検査□or◇	運搬⇒or○	停滞▽orD
	工程分析表　工順 xxサブ溶接　部番 xxxxx－xx						
1	パレット		27				●
2	#10加工前仮置き台へ	2	0.1			●	
3	#10加工前　仮置き台		5.4				●
4	#10セット	1	0.2			●	
5	#10小物部品セット		0.25				●
6	#10溶接		0.7	●			
7	#10取り出し	1	0.1			●	
8	#10加工後仮置き台		8.1				●
9	#20加工前仮置き台へ	2	0.1			●	
10	#20加工前　仮置き台		5.4				●
11	#20セット	1	0.2			●	
12	#20小物部品セット		0.2				●
13	#20溶接		0.7	●			
14	#20取り出し	1	0.15			●	
15	#20加工後仮置き台		8.1				●
16	#30加工前仮置き台へ	2	0.1			●	
17	#30加工前　仮置き台		5.4				●
18	#30セット	1	0.2			●	
19	#30小物部品セット		0.25				●
20	#30溶接		0.7	●			
21	#30取り出し	1	0.1			●	
22	#30加工後仮置き台		2.7				●
23	検査台へ	1	0.1			●	
24	検査		0.6		●		
25	完成品パレットへ	2	0.1			●	
26	完成品パレット		27				●
	合計	15m	93.95分	3回 2.1分	1回 0.6分	11回 1.45分	11回 89.8分

図2-2-3　工程分析結果

26工程の中で、付加価値がある加工は3工程しかないです（**図2-2-3**）。全体93.95分の中で加工はたったの2.1分。運搬と停滞ばかりです。

50

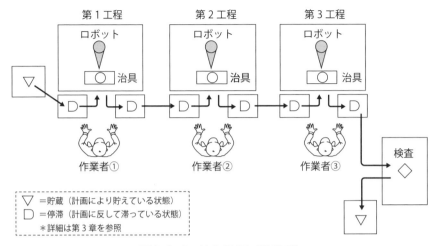

第1工程　　　　　第2工程　　　　　第3工程

 ＝貯蔵（計画により貯えている状態）
D ＝停滞（計画に反して滞っている状態）
　＊詳細は第3章を参照

図2-2-4　流れ線図（改善前）

 そうね。工程分析を行うと、プロセスの"全体の流れ"が明らかになるとともに、そのプロセスの中にあるムダがわかるわ。モノの流れを一目でわかりやすくレイアウト上に描く方法が「**流れ線図**」よ（**図2-2-4**）。

 停滞（▽orD）がとても多いですね。

 そうね。停滞（▽orD）は、その状況によって"仕掛在庫"とか"完成品在庫"と呼ばれる場合もあるわ。各工程の前後に"仕掛在庫"があるけど、どんな視点で改善するといいと思う？

 工程間の距離を短くして、仕掛在庫を減らす方法にしたいです。あと、①・②の作業者の手待ちが多かったので、第1工程と第2工程を1人で担当する編成に変えることができるのではないでしょうか？

 よい視点だわ。では、佐藤くんのアイデアを実行した場合の流れ線図を書いてみて。

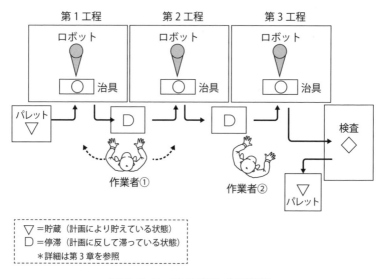

図2-2-5　流れ線図（改善後）

佐藤くんは元の流れ線図とにらめっこしながら、サラサラとペンを走らせました（**図2-2-5**）。

 いい案ね！　でも、第1工程と第2工程はロボットがあるけれど、作業者①は、掛け持ちできるかしら？

 たぶん、できると思うのですが…。

 たぶんじゃなくて、しっかり検証しなければ改善は実行できないわよ。

 えーっと、どうすればいいんでしたっけ？

> ◇「設備の自動時間」と「手作業の時間」の関係を分析する
> には「MM（マン・マシン）チャート」を活用する

 設備の自動時間と手作業の時間との関係を分析するツールとして、
「MMチャート」があったわよね？

 そういえば座学で習いました。第1工程と第2工程を1人の作業者で
対応した場合のMMチャートをつくって確認してみます。

改善後のMMチャートから以下のことがわかりました（**図2-2-6**）。

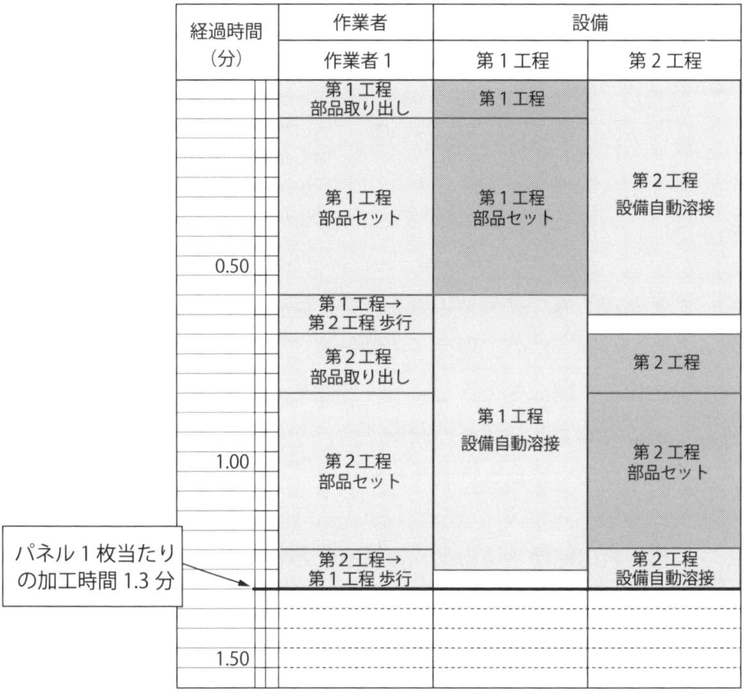

経過時間 （分）	作業者	設備	
	作業者1	第1工程	第2工程
	第1工程 部品取り出し	第1工程	第2工程 設備自動溶接
	第1工程 部品セット	第1工程 部品セット	
0.50			
	第1工程→ 第2工程 歩行	第1工程 設備自動溶接	第2工程
	第2工程 部品取り出し		第2工程 部品セット
1.00	第2工程 部品セット		
	第2工程→ 第1工程 歩行		第2工程 設備自動溶接
1.50			

パネル1枚当たり
の加工時間1.3分

図2-2-6　MMチャート（改善後）

現在の作業者①と作業者②が、1枚当たりの加工に要している時間1.35分以内で、第1工程と第2工程を1人ですることができることを確認できました！　今回の改善で工程間の在庫が削減でき、さらに作業編成も変えることで3人作業を2人作業にすることができます！

よい改善案ね！

　先輩に褒められて、佐藤くんはうれしそう。鈴木さんは、すかさず佐藤くんに改善のポイントを伝えます。

今回、"モノの流れ"の視点での改善を先にやってから、"作業"視点での改善を行ったけれど、この順番がとても大切なのよ。"モノの流れの改善"を先に着手しないと、ムダな停滞や運搬作業などを残したまま"作業改善"することになる場合があるから。そうすると、非効率でしょ。今後も、モノの流れをシンプルにしてから、作業改善を行っていくようにしていこうね。

はい、わかりました！

あともう1つ、改善を始めるときに注意しなくてはならないことがあるわ。今回、この工程は"工数低減による生産性向上"が求められていたので、編成替えをして3人作業を2人作業にする改善案にしたでしょ。でも、もし現在の設備で来月から生産量を倍にして欲しいという要求があったら、佐藤くんならどういう方向性で改善する？

稼働分析の結果を見ると、作業者③が手一杯なので作業者③の工程にもう1人作業者を追加し、4人作業で今の倍の量を生産するように改善すればよいかと思います。

そうね。よい方向性だと思うわ。もし、他の製品も生産できるように

することが求められている場合なら、複数部品の供給方法やロボットのフレキシブル化が必要になる。つまり、改善を行う場合には、着手前にその工程に何が求められているかを確認してから進めなければならないのよ。

 忘れないようにします！

返事に一層の力を込めた佐藤くんでした。

【日常パート】朝食の準備について分析してみた

次の日の朝、佐藤くんは朝食を準備していると、モノの流れが気になり、どうも自分の朝食準備にムダが多いように思えてきました。そこでさっそく、昨日習った工程分析を行い（図2-2-7）、それをキッチンのレイアウト図に書き

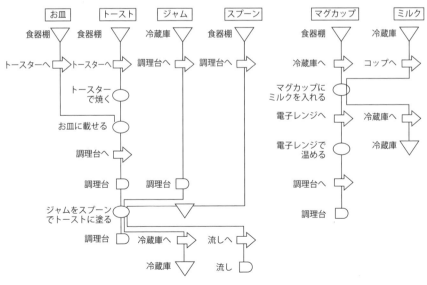

図2-2-7　工程分析（改善前）

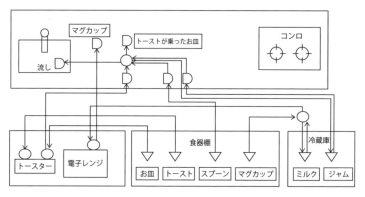

図2-2-8　流れ線図（改善前）

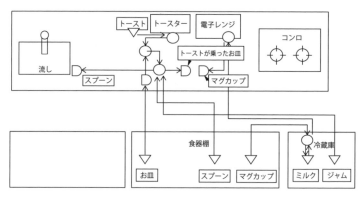

図2-2-10　流れ線図（改善後）

入れて流れ線図を作成（**図2-2-8**）。その後、MMチャートもつくってみました（**図2-2-9**）。

　佐藤くんの朝食は、ジャムを塗ったトーストとホットミルクが定番です。現状を分析してみて、意外なことに気づきました。

　「あれれ、11分もかかってる。思った以上にモノの移動距離も長いし、滞留が多いなあ。MMチャートを書いてみると、トースターと電子レンジの時間で手待ちが発生していることもわかったぞ」

　少しレイアウトを変えるだけでも、モノの流れはシンプルになるし、作業手順を見直せば手待ち時間も減らせることに気づいた佐藤くん。さっそく台所のレイアウトを変えて、新しい作業手順で朝食の準備をやってみました（図

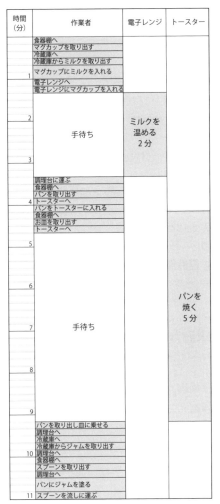

図2-2-9　MMチャート（改善前）

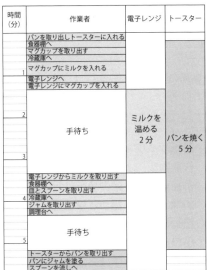

図2-2-11　MMチャート（改善後）

2-2-10)。すると、結果はすぐ現れました（**図2-2-11**）。

「おーっ！　所要時間が11分から5分40秒に改善できたぞ！」

佐藤くんは、大喜び。思わず1人でガッツポーズしてしまいました。「毎朝の5分20秒の節約は大きいな〜！　IE手法は日常生活でも役に立つんだな〜」と改めてその威力に感心した佐藤くんでした。

本節のテーマ 生産ラインを見てムダを見つけて改善する

本節のポイント

◇目標サイクルタイムは生産要求量から決める
◇作業編成のよい悪いは作業編成効率で評価する
◇多品種混流生産の場合は平準化生産し、投入ルールを考慮した編成を行う
◇多能工管理を行うと編成替えにも役立つ
◇自動機導入は会社としての方針や今後の変化を考慮する
◇小ロット生産に向けて段取り改善を行う
◇段取り改善では「外段取り」を増やし生産時間を確保する

◇目標サイクルタイムは生産要求量から決める

　新人の佐藤くんと先輩の鈴木さんは、車両組立課にきました。この職場はコンベア式組立ラインのため、コンベアで移動する車両ボディーに対して、各作業者が担当する部品を順次組みつけていきます。

 現在このラインでは、Pというモデルを1日当たり300台生産しているの。佐藤くん、コンベア式組立ラインの場合、ラインスピードはどのように設定するか覚えている？　座学の「**ラインバランシング**」のところで教わったでしょ？

 確か生産台数と生産時間から「**サイクルタイム**」が算出できるので、目標サイクルタイムをもとにコンベアスピードを決めるのだと思います。

 そうね。要求されている台数を、よい品質で効率的に生産することが

図2-3-1　車両組立ライン

モノづくりの基本的な考え方だということは、すでに頭にたたき込んでいるかな。目標サイクルタイムは、要求量である生産台数と生産時間から決まる。だから、以下の式で求められるわね。

目標サイクルタイム（分/台）= 生産時間（分）/生産台数（台）

 このラインの場合は生産時間450分/日、生産台数300台なので、目標サイクルタイムは1.50分/台ね。

目標サイクルタイム（分/台）= 450分/300台 = 1.50（分/台）

 目標サイクルタイムがこの工程に要求されている生産のスピードなのよ。

 では、これより早く生産すればよいのですね？

 いいえ、そうじゃないの。早く生産すると、より多くの工数がかかったり、後工程の在庫が増えたりしてムダを発生させてしまうわ。目標

サイクルタイム通りにつくることをめざして、つくれない場合は、その要因を見つけて改善するようにしてね。

 早ければいいってわけではないんですね。わかりました。

◇作業編成のよい悪いは作業編成効率で評価する

佐藤くんと鈴木さんは、このラインの休憩所へ行きました。

 これがこのラインの"今月"の作業編成よ（図2-3-2）。これを見てどう思う？

 作業量が少ない人も多くて、あまりよい編成とはいえないと思います。

 そうね。佐藤くん、作業編成のよい悪いはどうやって評価するか覚えている？

 はい。「**作業編成効率**」で評価します。作業編成効率の算出方法は、確かこうだったかな…。

作業編成効率(%)
＝総作業時間(分)/(作業ステーション数×目標サイクルタイム(分))×100

 その通り！　各作業者を1つの作業ステーション（作業工程）とすると、このラインの場合はこの式で計算できて77.1%になるわね。

作業編成効率（%）＝8.1（分）/(7×1.50分)×100＝77.1%

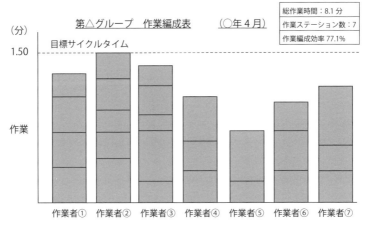

図2-3-2　作業編成（改善前）

ところで佐藤くん、このラインの場合の最小作業ステーション数はいくつになる？

6です。

最小作業ステーション数＝総作業時間8.1（分）／目標サイクルタイム1.50分
　　　　　　　　　　　＝5.4→6

よく理解しているわね。編成改善では最小作業ステーション数で編成することをめざすのよ。このラインでもすでに編成改善を実施していて、来月は以下のように6人編成を計画してるのよ。それによって、作業編成効率も90.0%へと向上するわ（図2-3-3）。

なるほど、7人編成から6人編成へと改善したんですね。

今後も改善を続ける場合は、最小作業ステーション数を考慮しつつ編成を改善して、"作業編成効率"で定量的に評価しながら進めようね。

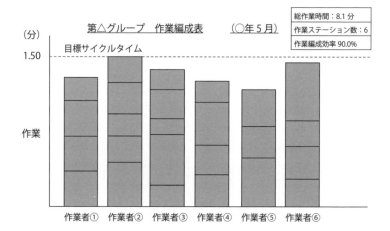

総作業時間：8.1分	
作業ステーション数：6	
作業編成効率 90.0%	

第△グループ　作業編成表　　（○年5月）

（分）

目標サイクルタイム

1.50 -

作業

作業者①　作業者②　作業者③　作業者④　作業者⑤　作業者⑥

図2-3-3　作業編成（改善後）

 わかりました！

> ◇ 多品種混流生産の場合は平準化生産し、
> 　投入ルールを考慮した編成を行う

　佐藤くんと鈴木さんは、車両組立課にあるもう1つのラインへと向かいました。

 ここの組立ラインでは、S車というモデルとT車というモデルを1つのラインで生産しているのよ。複数の車種を同一ラインで生産することを"混流生産"とも呼ぶわ。生産台数は、S車が1日当たり200台、T車が100台で合計300台なの。

 1つのラインで2車種を生産すると、作業編成も難しそうですね。実際にはどのようにしているんですか？

62

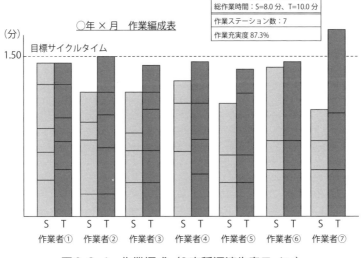

図2-3-4　作業編成（2車種混流生産ライン）

 作業編成表を見てみましょう。これがこの工程の現在の作業編成よ（**図2-3-4**）。この編成を見てどう思う？

 まず、最小作業ステーション数を計算してみます。総作業量は生産比率を考慮して算出しなくてはいけないので、ちょっと面倒ですね。

$$最小作業ステーション数 = (8.0分 \times 200台/300台 + 10分 \times 100台/300台)/1.50分$$
$$= 5.8 \to 6$$

 最小作業ステーション数は6なので、現在の作業ステーション数は1つ多いです。あと、S車よりもT車の方が全体の作業量が多くて、作業者⑦は仕事量が目標サイクルタイムを超えています。これは問題ないのですか？

 T車では目標サイクルタイムをオーバーするけど、同じ作業者⑦が行うS車の作業時間の割りつけを少なくすることでバランスをとっているのよ。

でも、T車を連続で生産しなければならない場合はどうなるのですか？

このラインの1日当たりの生産量はS車200台、T車100台なので、このラインでは"S車2台＋T車1台"という平準化した投入ルールにしてあるわ。「**平準化生産**」という考え方なのよ。

なるほど、投入ルールを前提とした作業編成ということですね。

そう。ただ、作業者⑦のように目標サイクルタイムを超える作業を行う場合は、前後工程との作業干渉や異常を判断するルールなど、運営上の特別な条件も必要になってくるの。生産台数は今後も変化するので、基本的にはどの車種でも目標サイクルタイム内の仕事量とすることが理想よね。

ということは、T車で目標サイクルタイムを超えている作業を優先的に改善していくと、運営もしやすくなるということですか。

そういうことね。

 平準化生産

需要の変動に対してなるべく生産を安定させるために、最終組立工程の生産品種と生産量を平準化した生産方式。それを実現するために、「目標サイクルタイムでモノをつくる」ことが重要である。

このラインでは1日当たりの生産量が、S車とT車が2：1なので、SSTSST…の順番で投入することとする。すると、作業者⑦ではT車の作業時間が目標サイクルタイムを一時的にオーバーするが、次に必ずS車が流れてくることにより、目標サイクルタイムに対して作業時間が短いので、その余裕時間で吸収することができる。

◇多能工管理を行うと編成替えにも役立つ

 あと、組立工程の編成検討時は、作業者の技能条件を考慮する必要があるのよ。編成表の横に貼ってあるチャートを見てみて。

 「**多能工管理表**」って書いてあります（**表2-3-1**）。各作業者が担当できる作業工程を表しているのですね。

 そう。こうやって各作業者の技能を見えるようにしておくことで、バックアップの検討や個人別の訓練計画にも活用しているの。

表2-3-1　多能工管理表

多能工管理表　　○：技能あり　△：訓練中

工程No	作業工程	田中	佐藤	山田	青森	安部	加藤	伊藤	熊井	渡部	島崎	中井	飯野	
1	ルームミラー	○	○										○	
2	ペダル	○	○						○			○	△	
3	×××	○	○	○			○					△		
4	×××	○	○		○			○		△				
5	×××	○	○			○				○				
6	×××	○	○				○		△					
7	×××	○		○		△								
8	×××	○		○	○		△		○		△			
9	×××	○		○						○				
10	×××	○		○				△			○			

なるほど。できる作業が多いほど、編成の入れ替えもやりやすくなります。

突発休暇などへの対応も考えると、各作業者は最低でも2種類はできるようにしておきたいし、各作業工程では、できる人が2人以上いるようにしておきたい。この課では、多能工化を積極的に進めているの。各作業者にとっても、できる作業が増えていくと自信になるからね。

◇自動機導入は会社としての方針や今後の変化を考慮する

　佐藤くんと鈴木さんは、エンジンサブラインへ移動します。ここでは、エンジン工場から納入されたエンジンに対して、スターターや排気管などの補完部品を組みつけた上でメインラインに供給しています。

ここもコンベアタイプのラインですね。

現在、このラインでは組みつけの自動化を進めているのよ。自動化設備を導入する上で特に考慮すべきことは何だと思う？

まずは、このラインに何が求められているかを確認することでしょうか。

さすが、佐藤くん。先日、工程の改善で教えたことをしっかり覚えているね。自動化による改善の目的が、生産量増加のための能力向上なのか、生産品種数を増やすためのフレキシビリティ向上なのかなど、目的によって改善内容が変わるので、"求められていること"の確認をまずしなければいけないのよ。

　佐藤くんは、褒められてうれしそうです。

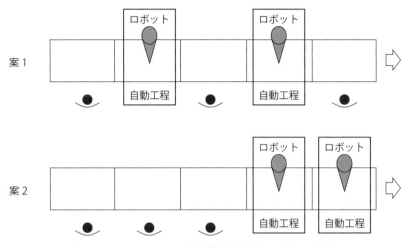

図2-3-5　ラインに自動機を編成する場合の視点

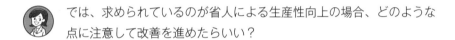では、求められているのが省人による生産性向上の場合、どのような点に注意して改善を進めたらいい？

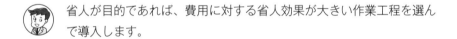省人が目的であれば、費用に対する省人効果が大きい作業工程を選んで導入します。

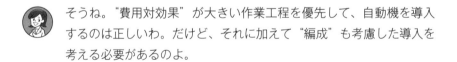そうね。"費用対効果" が大きい作業工程を優先して、自動機を導入するのは正しいわ。だけど、それに加えて "編成" も考慮した導入を考える必要があるのよ。

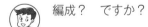編成？　ですか？

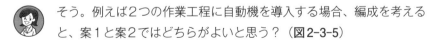そう。例えば2つの作業工程に自動機を導入する場合、編成を考えると、案1と案2ではどちらがよいと思う？（**図2-3-5**）

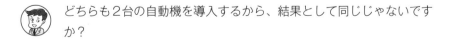どちらも2台の自動機を導入するから、結果として同じじゃないですか？

自動化される工数自体は確かに同じ。ただし案1の場合、作業者が離れ離れになるから、今後要求量の変更などを受けて編成替えを行う場合、編成ロスが生まれやすくなっちゃうよね。

今だけではなく、今後の運用も考えなければいけないんですか…。

その通り！　個々の効率だけでなく、全体効率を考えることが大事。それこそがIE的な見方の1つなのよ。ところで、"自動化"と"自働化"の違いはわかる？

はい。「**ニンベンのつく自働化**」は、単純に動くことを機械化して効率や品質安定化を追究するだけの設備でなく、不良発生時に自ら止まり、不良を次工程に流さない機能を持った設備です。

よく理解しているわ！　さすがね！

　今日も褒められて、佐藤くんはうれしそうです。ますます仕事に対してやる気が湧いてきました。

◇小ロット生産に向けて段取り改善を行う

　その後、佐藤くんと鈴木さんは圧造の工程を訪れました。この圧造工程では、鋼板をプレス成形しています。

この工程では、AからDまで4種類の部品を生産しています。一度に1つの部品を生産する数量をロットサイズと呼び、現在のロットサイズは600枚よ。後工程である溶接工程の現在の生産量は1日300台なので、2日分を1ロットとして生産していることになるわ（**図2-3-6**）。

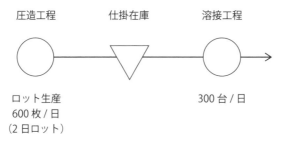

図2-3-6　圧造と溶接工程の流れ線図

図2-3-7　品種切り替えの際に発生する段取り替え

 どうして2日分も生産するのですか？　2日分生産すると、圧造工程と溶接工程間に仕掛在庫を持たなければなりませんよね？　もっと小さなロットサイズにしたら仕掛在庫も減らせるはずですが…。

 その通り！　では、例えばロットサイズを半分の300枚にするためにはどんな課題があると思う？

 単に半分にすればよいだけではないですか？

 残念！　プレス工程の場合、1ロットの生産が終了して次の部品の生産に変更する際に、プレスの金型や付帯設備を変更する"段取り替え"という作業があって、設備停止が発生するのよ。図2-3-7のように図を書くとわかると思うけど、プレス機の能力が変わらないとした

69

2日ロット生産

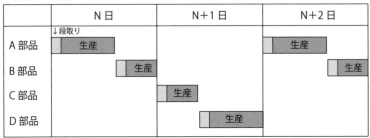

1日ロット生産

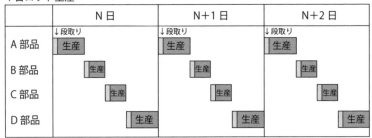

図2-3-8　小ロット化と段取りの関係

場合、ロットサイズを1/2にすると段取り回数は2倍になる。つまり、同じ稼働時間内で生産するためには、1回当たりの段取り時間を1/2にしなければいけないわよね？

 段取り時間を短くする改善が必要なんですね（**図2-3-8**）。

 そうよ。もちろんその他にも、技術的な改善でプレス機の生産スピードを速くしたり、故障を減らしたりして生産負荷時間を延ばすような改善余地もあるから、生産技術や保全の担当者とも連携して改善を進めていくようにね。

 わかりました！

◇段取り改善では「外段取り」を増やし生産時間を確保する

 ところで、"段取り"には2種類あるのは知っているかな？　"内段取り"と"外段取り"と呼ばれていて、外段取りとは生産を止めずに次の生産の準備をする作業。段取り作業をできるだけ外段取りにすることを"外段取り化"と呼ぶのだけど、外段取り化することで、段取りのための設備停止時間を減らし、生産時間を増やすことができるのよ。

 同じ段取り工数だとしても、外段取り化して生産停止時間を短縮することで小ロット化の助けになるということですね（**図2-3-9**）。

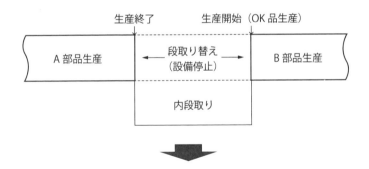

図2-3-9　外段取り化による生産時間の捻出

そうね。料理でも仕事でも事前に段取りをしておくと、短時間に効率的に進めることができるのと似ているわ。

確かにそうですね。

そして、ロットサイズを小さくすることができると、プレス後の在庫量を減らすことができるから、スペース、容器、取扱い工数など多くの二次効果もあるのよ。

なるほど！　小ロットにすることの大切さもわかりました。

【日常パート】待ち時間だらけの健康診断を観察してみる

　今日は年に1回の職場健康診断の日です。佐藤くんの会社には、職場の意見を収集する「目安箱」という制度がありますが、この時期になると決まって増えるのが「健康診断の受診がだるい」という意見だと職場の先輩たちが話しているのを聞きました。

　「効率的な健康診断とは、どういうことだろう？」

　IErとしての使命感を感じた佐藤くんは、解決の糸口を見つけようと指定された時間より少し早めに会場に向かいました。

▶健診会場全体を眺めてみる

　佐藤くんは会場を見渡せる場所に立ち、健康診断の流れと会場のレイアウトをしばらく観察しました（図2-3-10）。

　健診のメイン会場の入口に受付があり、会場となる大きな会議室には、身長、体重、視力、血圧、採血、心電図、エコー、問診のコーナーがあるようです。少し離れた小さな会議室には聴力のコーナーがあり、さらに建物の外には検診車が1台あって、胸部レントゲンが行われています。

　1つのコーナーには、1人ないし2人の白衣を着た検診員が配置されていま

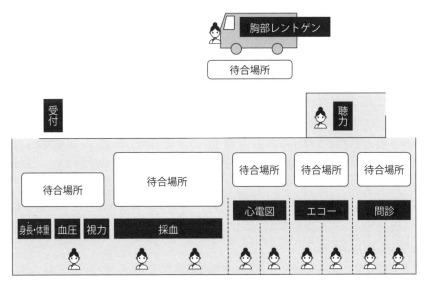

図2-3-10　健康診断会場のレイアウト

す。コーナーとコーナーの間にはパイプ椅子があり、たくさんの人が健診を待っています。待っている人数は増えたり減ったりしていますが、会場から人が絶えることはありません。

▶ムダを定義する

　IEではムダの捉え方が大切です。鈴木さんからもそう教わっていますし、自分自身でもそう考えています。「虫の目」「鳥の目」と、目的に応じて視点を変えることの大事さを実感しています。

　一方、ムダもさまざまです。何に着目して観察するかによってもムダの見え方は変わってくるし、漠然と眺めていてもムダは見えてこないことは、この間の経験から学びました。そこで、視点を定めるべく佐藤くんは健診の様子を、得意分野の生産ラインに置き換えて考えることにしました。

　生産ラインは、人・設備・ワークで構成されていますが、健診の現場にはワークがありません。どう考えればよいのか？　少し悩んだ佐藤くんは、検診する人が生産ラインの作業者（あるいは加工・検査設備）であり、検診される

人が加工・組立・検査されるワークと考えてみることにしました。

　加工される側に着眼した場合、「加工されていない時間」をムダと見なすことができます。研修で習った

「リードタイム＝加工時間＋停滞時間」

という公式に対して、今回の例であれば

「健康診断の時間＝検診を受けている時間＋次の検診までの待ち時間」

と置き換えることができるので、「次の検診までの待ち時間」を短くすれば、リードタイムの短縮＝健康診断時間の短縮につながると考えたのです。

　次に佐藤くんは、「検診される人を加工・組立・検査されるワークと見なす」という見方でムダを捉えることにし、自分自身の検診をサンプルにムダを観察することにしました。

　まず受付で、検診結果を書き込む用紙を渡されました。その用紙には、検診項目と検診の順番が書かれています。観察するためには、ムダの見方を定めなければならないと考え、「検診を受けていない時間」をムダと見なすことにしました。そこで、受付でもらった検診結果を書き込む用紙の右側の余白に、検診項目ごとに「次の検診までの待ち時間（分）」と「検診を受けている時間（分）」を書き込んでいくことにしました。前者がムダに相当します（**表2-3-2**）。

　さて、検診が始まりました。身長、体重、視力測定は淀みなくスッと進みます。「今日は調子がいいかも」と思った矢先、採血の前に長い待ちがありました。注射が苦手な佐藤くんにとって、待たされている間に目に入る、他の人が採血される様子は精神衛生上好ましいものではありません。本当に嫌な時間です。

　佐藤くんは一通りの検診を終えて、時間を集計しました。

　「検診までの待ち時間」の合計は100分、「検診を受けている時間」の合計は23分でした。佐藤くんのムダの定義によると、100分がムダということになり、割合に直すと約81％（$100 \div (23 + 100) = 0.813\cdots$）がムダということがわかりました（**表2-3-3**）。目安箱に投函される従業員の不満は、このムダに関

表2-3-2　即席でつくった検診のムダ発見シート

健康診断表

所属・氏名	XXX 部 XX 課　佐藤○○	
検診日	20XX 年 XX 月 XX 日	
検診順序	検診項目	検診値または検査番号
1	身長	（　　　）cm
2	体重	（　　　）kg
3	視力	右（　.　）左（　.　）
4	採血	（　　　　　　　　　　）
5	心電図	（　　　　　　　　　　）
6	エコー	（　　　　　　　　　　）
7	問診	（　　　　　　　　　　）
8	聴力	右（　　）　左（　　）
9	胸部レントゲン	（　　　　　　　　　　）

検診される側の
ムダ観察シート

検診までの 待ち時間（分）	検診を受けている 時間（分）
計　　分	計　　分

表2-3-3　明らかになった検診のムダ

健康診断表

所属・氏名	XXX 部 XX 課　佐藤○○	
検診日	20XX 年 XX 月 XX 日	
検診順序	検診項目	検診値または検査番号
1	身長	（　　　）cm
2	体重	（　　　）kg
3	視力	右（　.　）左（　.　）
4	採血	（　　　　　　　　　　）
5	心電図	（　　　　　　　　　　）
6	エコー	（　　　　　　　　　　）
7	問診	（　　　　　　　　　　）
8	聴力	右（　　）　左（　　）
9	胸部レントゲン	（　　　　　　　　　　）

検診される側の
ムダ観察シート

検診までの 待ち時間（分）	検診を受けている 時間（分）
15	1
0	1
0	1
45	5
15	3
10	4
10	2
0	3
5	3
計 100 分	計 23 分

係していると佐藤くんは気づいたのです。このムダは、生産ラインでいえば「停滞」に当たります。「次の検診までの待ち時間」、すなわち「停滞」をなくすことが従業員のストレス解消につながることを、佐藤くんは確信しました。

　では、どうやって、「次の検診までの待ち時間」をなくしていけばよいでしょうか。ムダが見えてくると、改善策を見つけたくなります。また、改善案を考えると、気になってくることも次々に出てきます。そこで、健康診断を1つのラインと考えて作業編成表を作成してみました（図2-3-11）。
　作業編成の分析結果から一番時間がかかっているのは採血の工程で、ここがボトルネックであることがわかります。採血の平均時間は5分だから、5分がサイクルタイムだとすると、この健康診断のラインで処理できるワーク（人）の数は1時間当たり60分÷5分＝12人になります。たった12人か、ウチの職場の人数を考えたらそれは無理だな〜、とりあえず採血の工程を改善して何とかサイクルタイムを短くしなきゃと思いをめぐらせたのでした。
　そういえば、時間を計測したわけではありませんが、採血では1人当たりの検診時間がばらついていたような気がします。本当にばらついていたとすれば、その原因は何でしょうか。その原因を探るためには、研修の初日にやったように作業（採血）の方法を観察して、動作研究をしてみる必要がありました。

　ちなみに編成効率を計算すると、目標サイクルタイムを5分とした場合、

$$\frac{総健診時間　23分}{目標サイクルタイム　5分×7} \times 100 = 65.7（\%）$$

となり、結構低い数字であることがわかりました。一昨日の稼働分析の結果から、2つの作業工程を1人の作業者にやってもらうというように、作業時間が短いところは統合できないかな。でも、検診項目ごとに専門スキルが必要そうだし、応援できるところとできないところがあるのでしょうか。今日、鈴木さんに教えてもらった多能工管理表みたいなものがあるといいのかな…。

　このように、さまざまなことがとめどなく湧き上がってきます。しかし、改善策を考えるわくわく感を鈴木さんと共有したいと考え、具体的な検討をぐっ

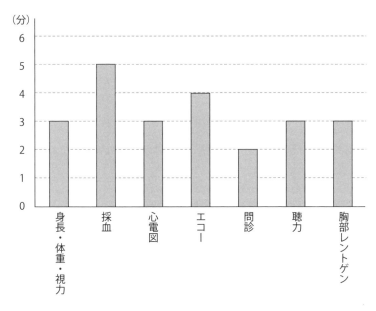

図2-3-11　健康診断の作業編成

とこらえた佐藤くんは、今日の観察から気づいた要点をまとめて明日、鈴木さんに話してみようと決めました。

　生産現場で鍛えた目で、健康診断の現場を観察した佐藤くんですが、健康診断の現場を観察することで、心なしかIErとしての実力が一段進化したような気がしました。
　「明日、生産現場に入ったとき、今まで見えなかったモノが見えてくるかもしれない」と佐藤くんは感じました。待たされるだけの今までの陰鬱な健康診断とは違い、今回は大きな収穫のあった健康診断でした。

2-4 施設全体

本節のテーマ ▷ 施設全体を俯瞰的に見てムダを見つける

本節のポイント

◇施設レベルの「流れ線図」では各工程で見つけられなかったムダが見つかる
◇供給動線のムダは運搬距離と強度を調べる「DI分析」で見つける
◇「VSM」でモノと情報の流れのムダを見つける
◇モノの流れが滞ったところに在庫のムダが発生する
◇プッシュ生産からプル生産へ移行することで在庫のムダをなくす
◇「かんばん」で工程間の在庫のムダをなくす

◇施設レベルの「流れ線図」では
各工程で見つけられなかったムダが見つかる

　新人の佐藤くんと先輩の鈴木さんは、小さな会議室で先週までに実施した内容の復習をしています。

今週は、今までより少し視野を広げてみましょう。

視野を広げる、とはどういうことですか？

今までは、動作・作業という「虫の目」の視点から工程、ラインと徐々にムダを探す範囲を広げてきたけれど、もう一段階広げてみましょう。今週は、「鳥の目」の視点で施設全体を俯瞰的に見て、ムダを見つけてみようね。

施設とは工場のことですか？

私たちの場合は工場よね。他の業界だとオフィスビルや病院、学校、ショッピングモール、駅、空港などでも「鳥の目」の視点は使えるわよ。施設全体を考えた場合、佐藤くんなら何に着目する？

まったく見当がつきません…。

確かに対象が大きすぎるよね。まずは、モノの流れを見てみましょうか。工程改善でもモノの流れに着目したわよね？

溶接サブ工程内のモノの流れを調べるために、流れ線図を描きました。それを、工場全体で描くということですね！

その通り！　前回は、対象が溶接サブ工程内の機器を加工（○）として扱ったけれど、施設レベルでは溶接工程そのものを1つの加工（○）として扱うのよ。では、モノが工場へ入ってから出ていくまでを現場で確認して、平面図上に描いてみましょうか。工場のモノの流れは把握しているわよね？

まずはロール状の鋼板をプレス機で変形させたり、打ち抜いたりすることで、ボディーの部品をつくります。それらを溶接してつなぎ合わせることで、ボディーができます。塗装した後、エンジンや足回りの部品、シートやダッシュボードなどの内装品、各種電気部品とそれらをつなぐ配線を取りつけて完成します。

一通りは把握しているわね。細かいことをいうと、塗装後と組立後には品質検査があって、各種購入部品を受け入れた後は車種ごとに必要な部品をそろえるキッティングという作業と、それらを各所に搬送する動きがあるわ。そうしたことを把握した上で現場を確認しましょう。

佐藤くんはさっそく現場へ行き、圧造・溶接、塗装、組立と工程順にモノが

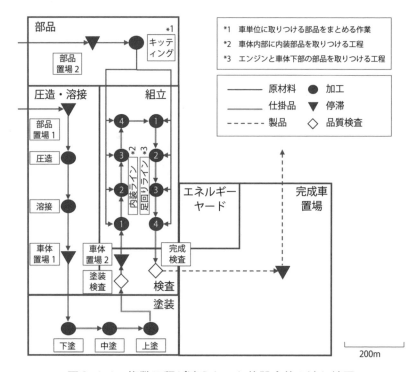

図2-4-1　複数工程が連らなった施設全体の流れ線図

どのように流れているかを、平面図に書き込んでいきました（**図2-4-1**）。

 この流れ線図から気づくことはある？

 まず気になるのは、部品をキッティングした後、組立工程に供給する
距離が長いことです。また、メインのモノの流れにおいて途中に2カ
所、流れが停滞しているところがあります。

 その通り！　これらのムダは、工程と工程の間に存在しているため、
今までの分析では対象とされず、見つけることができなかったの。そ
れが、今回の施設レベルでのポイントよ。では、これらのムダについ

てはどうかな？

部品の供給動線については、部品の保管場所を、例えばエネルギーヤードの隣などに移動できないか検討します。貯蔵については、ボリューム、保管状態およびそれらが必要な理由を確認して対策を検討します。

いい案ね！　ぜひそれらを分析して改善を試みるといいわ。

ところで、エネルギーヤードとは何をするところでしょうか。工場の中心になくてはだめなんですか？

エネルギーヤードには、工場で使用する電気を分配する機器および蒸気、圧縮空気などをつくる機械が置いてあるの。工場の各所にこれらを供給する動線を短くするために、中心に置かれているのよ。

そういう役割があるんですね。わかりました。

そうそう、流れ線図という手法で気になる点はない？

えっ、手法についてですか？　そうですね…。

　佐藤くんは、自分が描いた流れ線図を少しの間眺めてから、ハッと気づいたようです。

IE手法にしては、ムダの見え方が定性的…というか感覚的です！

お、だいぶIEがわかってきたみたいね。その通り！　流れ線図はパッと見て感覚的に判断する手法で、改善の初期段階で使用するものといえるのよ。さっき話していたように、貯蔵のボリュームなどの定量的

な情報が見えないの。そのため対策案を決めても、その効果を定量的に示すことができないわけ。明日からは、佐藤くんが見つけたムダについて、客観的に分析してみましょうね。

◇ **供給動線のムダは運搬距離と強度を調べる
「DI分析」で見つける**

今日はいきなり工場にいます。2人がいるのは、生産の起点となる圧造工程前の部品置場です。

昨日見つけた部品の供給動線が、本当にムダなのか判断するため、運搬を客観的に分析する「**DI分析**」を使ってみましょう。DIとは、距離を示すDistanceと強度を示すIntensityの頭文字を取った名前よ。強度とは運搬の大きさを示すもので、搬送物の特性、搬送回数などを考慮した指標と考えてね。
　昨日の流れ線図から、施設内に存在する運搬は把握できているので、各運搬の距離と強度を調べてみましょう。本来は1回当たりに運ぶモノの重量や体積も考慮するけど、今回は単純化するためにパレット、台車、車体を運んだ運搬回数を強度とします。すべての運搬について調べたら、横軸を距離、縦軸を運搬回数とした散布図を描いてみて。

鈴木さんに一度にいろいろなことをいわれ、佐藤くんは少し混乱気味です。鈴木さんは、すかさずアドバイスを送ります。

各運搬の運搬回数、運搬元と運搬先のポイントおよび運搬ルートを現場で調べ、距離はデスクに戻って図面から測るといいわ。

コラム **運搬の比較**

運搬の強度（Intensity）を、単純に「運んだ量（体積や重さ）」で比較するのは難しい。例えば、同じ重さ・体積であっても、平たくて面積が大きいものと丸くてつかみやすい棒状のものでは、運搬の容易性が異なる。そこで、運搬の容易性の基準となる運搬の強度の単位として用いられるものに、マグカウントという考え方がある。「マグ」という単位は「1辺が5cmくらいの立方体の木片」「片手で持てるマグカップ1個」を1マグとして、運搬の対象となるものがその何個分に当たるかで基礎数（単位：マグ）を決める。

次に、運搬の容易性に影響を与えるモノの特性として、「モノの形状」「危険性」「価値」などといった修正要素を加味することによって、それぞれのマグ数を算出し運搬の強度とする。これによって運搬の容易性を考慮することが可能となり、マグ数によって運搬の強度を比較することが可能となる。

また同じ量の1回の運搬でも、バラバラの木材を手で運ぶ場合と、すでに束ねられ箱に入れられているものを台車で運ぶのでは、その負荷はまったく異なる。そこで、モノを動かす前後に発生する手間に着目して、「動かしやすさ」を示すものが運搬活性示数（第3章3-1 **8**）である。

佐藤くんは、一日中現場で運搬物の調査、現場担当者へのヒアリングをして、夕方ようやくDI分析図を完成させました。**図2-4-2**に示すDI分析図では、横軸に距離、縦軸に運搬回数を取り、その中に調査した各運搬がそれぞれの距離、運搬回数の場所に点で表示されています。

 描けました！

 お疲れ様！　さっそくだけどこの図から何がわかる？

 全体的に点が散らばっていますが…。どう評価すればよいかわかりません。

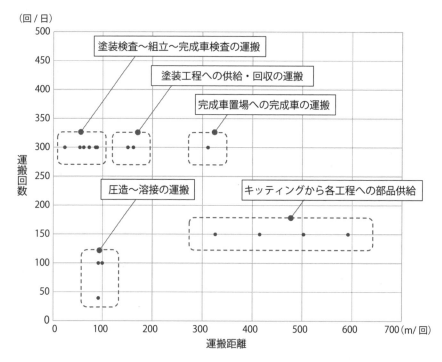

図2-4-2　DI分析図

この状態だと定性的に判断するしかないため、まだIE的ではないわよね。では、どの部分でも距離×運搬回数が同じ値になる曲線を加えてみましょう。この曲線を"等仕事量曲線"と呼んでいます。この曲線によって、同じ仕事量で実行できる運搬と、それ以上の仕事量が必要な運搬の区別が可能になるのよ。この場合、運搬距離（D）の平均が206mで、運搬回数（I）の平均が231回なので、D＝200、I＝200とすると、等仕事量曲線（D×I）は200×200＝40,000を1つの目安にして考えてみましょう（**図2-4-3**）。

いくつかのプロットが等仕事量曲線の外に出ました。1つ目が①「完成車置場への完成車の運搬」、2つ目が②「塗装工程への供給・回収の運搬」、3つ目が③「キッティングから各工程への部品運搬」です。

84

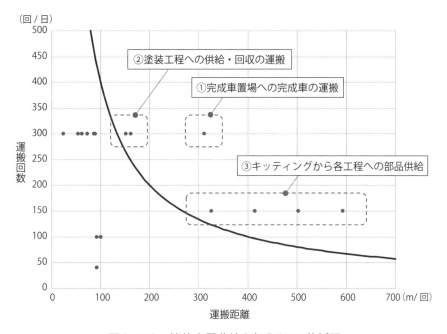

図2-4-3　等仕事量曲線を加えたDI分析図

 それらの特徴は？

 他の運搬に比べ距離が長いか、運搬回数が多いものです！

 そう。それらが改善対象となる運搬なのよ。

 流れ線図で気になった部品の運搬も含まれていますが、それ以外の気づかなかったものも含まれています！

 IEらしいでしょ。定性的な評価では気づかなかったムダも、客観的に分析すると見えてくるのよ。改善すべき運搬がわかったら、それらについて、レイアウトを変更して運搬距離を短くするか、運用方法を変えて運搬回数を少なくする改善案を考えましょう。このグラフがあれば、改善効果も試算することができるわ。

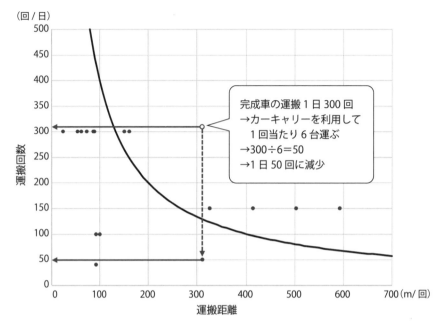

(回／日)

完成車の運搬1日300回
→カーキャリーを利用して
　1回当たり6台運ぶ
→300÷6＝50
→1日50回に減少

運搬回数

運搬距離

図2-4-4　運搬回数を減らした改善効果を確認する

　順番に改善案を考えてみましょう。

①の完成車の運搬については、まとめて運んで回数を減らす方法が考えられます。その方法としては、カーキャリーで運ぶか車用パレットに載せて牽引することで、6台を一度に運搬してはどうでしょうか。そうすることで担当する人も減らすことができると考えます。

運び方を変えて回数を減らすということね。それも1つの方法ね。その改善効果を見るためにもう一度描いてみて。

描けました！　この改善によって①は運搬回数が300回から50回に減ったので、等仕事量曲線の内側に入り、改善対象ではなくなりました（図2-4-4）。

表2-4-1　総運搬距離の算出例

From	To	D（距離）	I（強度）	D×I
部品置場1	圧造	92	40	3,683
圧造	溶接	92	100	9,206
溶接	車体置場1	100	100	10,000
車体置場1	下塗	151	300	45,238
下塗	中塗	73	300	21,905
・	・	・	・	・
・	・	・	・	・
・	・	・	・	・
・	・	・	・	・
			ΣDI（合計）	1,058,603

　②のキッティングから各工程への部品供給は、より近いエネルギー
ヤードの横にキッティングを移動することで、対応できそうです。③
の塗装工程への供給・回収については塗装工程の機械が大きく移動が
困難なため、前後の工程の移動ができないか考えてみます。ところ
で、等仕事量曲線の設定方法はどうするのですか？

おっ、いい質問ね。これには基準があるわけではなく、仕事量という
だけあって、より小さく原点に近い方がよいとされているの。だか
ら、改善すると等仕事量曲線を原点方向に移動させ、新たに抽出され
た運搬を改善するというサイクルを繰り返すものなのよ。
　それから、各運搬の距離と強度を掛け合わせて、すべて足した値
（ΣDI）、総運搬距離とでも呼ぼうかな。例えば、今日の改善前の値
はこんな表を作成して求めるの（表2-4-1）。このD×Iの例の合計が
ΣDI値で、この値を使ってレイアウトの代案比較もできるわ。当然
だけど距離が長い運搬、もしくは強度が高い運搬があるほど総運搬距
離（ΣDI）は長くなるから、この値が小さいほど運搬を効率的に行っ
ていることがわかるのよ。

◇「VSM」でモノと情報の流れのムダを見つける

　佐藤くん、鈴木さんは会議室で昨日までの結果を振り返り、施設におけるムダの発見および改善の意義を確認しています。その会話から佐藤くんは、施設におけるムダは運搬以外にもあるのではないか、と疑問を持ったようです。

 工程改善の際に、工程間在庫に着目したことがありました。在庫についても施設全体で見るべきではないでしょうか？

 その通り！　なぜそれが必要だと思う？

 工程だけで在庫を管理していると、工程ごとに安全を見て在庫を抱えるようになり、施設全体では膨大な在庫を抱えることになると思うんです。

 だいぶIE的思考が身についてきたわね。では、今日は「**VSM（Value Stream Mapping）**」を教えましょう。VSMは顧客からのオーダー情報を起点として、その情報が各工程に伝えられるとともにサプライヤーから原材料が届き、各工程を経て製品となり、顧客へ届けられるまでを1つの図に描く手法のことよ。
　これは、1つの図ということに大きな意味があるの。図が分かれたり、ページが分かれたりするとムダが見つけづらくなる。ある航空機会社では会議室の壁一面に模造紙を貼って、そこに書いていたことがあったわ。

　確かにノートをとるときも、ページが分れると情報を集約しにくいことは、佐藤くんも経験的に感じていました。

 この図で、モノと情報の流れを視覚化することができ、モノや情報が

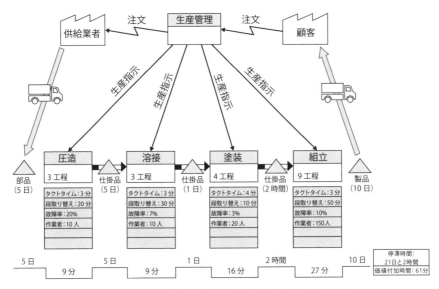

図2-4-5　施設全体（生産～組立工程）のVSM

滞留している場所など価値を生む流れを妨げる箇所を発見することができるの。この描き方を教えるための大学の授業があるくらいの代物なので、「さあ、どうぞ」というわけにはいかないから、一緒に描いてみましょうか。

　説明しながら描いたため、2～3時間経過してようやく**図2-4-5**に示すVSMを完成させました。

今回は教育も兼ねているので、かなり簡略化してるわよ。さらに詳細に描くこともできるけど、今回は大局的に流れをつかむということだから、部品の流れは除いて、検査は塗装工程と組立工程に含んだこのレベルにしてみたわ。

　じゃ、まずは最下段の時間に着目してみましょうか。上段が停滞していて価値を与えていない時間、下段が加工していて価値を与えている時間を示しています。これによると停滞時間が21日と2時間に対して、付加価値を与えている時間は61分しかないことがわかるよね。

コラム モノと情報の流れ図

　VSMのオリジナルは、トヨタ自動車が開発した「モノと情報の流れ図」で、トヨタ生産方式を手本に構築されたリーン生産のツールとして米国で体系化されたものである。ツールとして体系化されたとしても、モノと情報の流れ図のコンセプトである「1つの図に描く」ことと「モノと情報の流れを視覚化する」ことは受け継がれている。サプライチェーンと同様に、施設内においてもモノだけでなく情報にも着目し、これらの流れが滞る場所を見つけるという考え方は、特にデジタル化が進んだ現在では効果的である。

　VSMを描くための部品が標準装備される描画ソフトも販売されている。現在では、その活用の場も病院などに拡大されている。興味深いのはそのネーミングで、体系化した人は施設内のモノと情報の流れを「価値の流れ」として表現している点である。

 何と、工場に存在している時間の99.8%が在庫として停滞しているのですか！

 いかに在庫が、価値の流れを止めているかがわかるよね。では、どうすればこれらの在庫を減らせると思う？

 単純に在庫を減らすだけではだめですか？

 あれ？　急にIE的思考ではなくなったわね。なぜ、在庫が発生しているかを考えてみて。これらの在庫は各工程の作業方法、タクトタイム、段取り替え時間、故障率などにバラツキがあることに起因している部分があるのよ。例えば、タクトタイムが長いことで後工程が止まらないようにするため、バッファとして在庫を持ってしまうようなことよ。さて、どこから改善しようか？

圧造後の在庫が多く、停滞時間が長いため、この在庫を少なくする対策を考えます。そうすることで、製造リードタイムが減らせるはずです。

 いい視点よね。まずはボトルネックになっている部分を見つけて、それを解消していきましょう。

 先週教えていただいた圧造のロット生産が、在庫を増やしていると考えます。外段取りの活用などにより、ロットサイズを小さくすることで圧造後の在庫を減らすことが考えられます。

 そうね。それでは、改善する前にその効果を検証してみましょう。例えば、圧造と溶接の間の仕掛品在庫を減らすことができたとすれば、停滞時間は2日減って19日と2時間になる。これは大きな効果といえるわ。早くつくれるということは、完成車の在庫を減らせるからね。さあ、次はどうする？

 細かいことですが、圧造の故障率が他より高いことが気になります。これも、圧造後の在庫が多いことに関係しているかもしれません。この改善を試みます。

 そう、その通り！　改善を実施すると、ボトルネックが移動するの。そのボトルネックこそが、全体でかかる時間を左右する制約と考え、これに着目して改善を進める考え方をTOC（Theory of Constraints：制約理論）といいます。今日はこのくらいにして、明日も引き続きVSMを利用した改善案を考えていきましょう。

◇モノの流れが滞ったところに在庫のムダが発生する

今日も引き続き会議室に2人がいます。

購入・生産方式による在庫	生産方式（ロット）・供給ロット・購入ロットによって決まる在庫
運搬分在庫	次工程運搬所要時間分の在庫（梱包分含む）
安全在庫	故障など自工程のアクシデント時のための在庫
つくりだめ在庫	次工程との稼働日数差などのために準備する在庫

図2-4-6　在庫の構造例

 昨日は在庫の削減をしたけど、そもそも在庫って何だと思う？

 バリューストリーム（価値の流れ）の考え方からすると、ない方がいいものですね。でもまったくないと、機械の故障などでライン全体が止まりかねません。

 そう。在庫は0が理想なの。でも、原料はサプライヤーからリアルタイムに届かないため、少なくとも次の配送が届くまでに使用する原料は、在庫として持つ必要があるわ。在庫は必要悪といういわれ方をするけれど、この管理こそが生産性を左右する重要な要素なのよ。
　在庫理論などという難しいものもあるけど、まずは在庫をその発生要因別に分類すると、どんなものがあるかしら？

 えーと、確か、"安全在庫"とか…。

 1つしか覚えてないの？　まったく…。「安全在庫」「つくりだめ在庫」「運搬分在庫」、そして「購入・生産方式による在庫」でしょ。絵に描くとこんな感じかしら（**図2-4-6**）。
　どのような理由からどれだけの在庫があるのかを把握して、それぞ

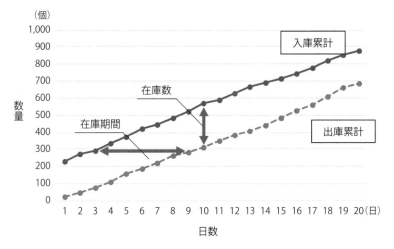

図2-4-7　流動数分析

れを適正なレベルで管理することが重要なの。力づくで減らしても、
後工程への欠品が発生するなど上手くいかない場合があるのよ。

やみくもに減らせばいいというわけではないんですね。あっ、昨日は
何も考えずに在庫を減らしましたが、大丈夫なのでしょうか？

そ、そうだったわね。ちゃんと見ないとね…。
さっき、次の配送が届くまでに使用する原料は在庫として持つという
例を挙げたけれど、サプライヤーからの供給スピードが原料を使用す
るスピードと同じなら、在庫を持つ必要はないわよね？

そうですね。理論的には、入ってくるスピードと出ていくスピードが
同じなら、モノは滞留しませんよね。

それに着目して、在庫の分析を行う手法が「**流動数分析**」よ。ある在
庫に着目し、このグラフのように入庫と出庫の累計数を時系列に示す
ことで、在庫期間と在庫数を分析することができるのよ（**図2-4-
7**）。このように、在庫の発生を時系列で数量的に見える化すること

によって、在庫の適正な管理が可能になるの。

なるほど。ある時点での在庫だけを見て考えるのではなく、モノの流れと一緒に考えると、ムダの真の原因が明らかになるんですね。

◇プッシュ生産からプル生産へ移行することで 在庫のムダをなくす

実は、在庫は生産方式と密接な関係があるのよ。生産の方式には、「**プッシュ生産**」と「**プル生産**」があることは知ってる？

座学で説明がありました。どんどんつくるのがプッシュ生産で、後ろから引っ張られてつくるのがプル生産だったかと。

何とも大雑把な説明ね。真意を理解していないって感じがするな。簡単にいうと、需要予測により決められた生産計画に基づき生産するのがプッシュ生産で、顧客もしくは後工程からの需要に基づき求められている分だけ生産するのがプル生産よ。

当然、プル生産では求められている分のみ生産するため、つくりすぎのムダ、在庫のムダは少ないけれど、製造リードタイムが長い場合や効率・品質の問題から、まとめてつくらなければいけない場合はプル生産が使えない。でも、部分的にその考え方を取り入れることで在庫のムダを削減することができるわ。

トヨタ生産方式やリーン生産は、つくりすぎのムダを削減する目的でなるべくプル生産化することをめざしているため、VSMにはそのための部品が用意されているの。これらを使用して、VSMを描き換えてみましょうか。

鈴木さんは、さらさらとVSMを以下のように換えました（図2-4-8）。

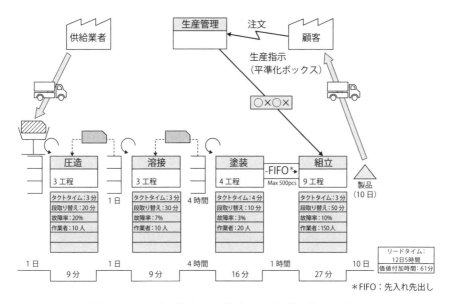

図2-4-8　プル生産を主体とした施設全体のVSM

 こんな感じかな。プル生産化することで、生産管理は1カ所のみに生産指示を出すだけでよく、後は各工程が自律的に動いていく。また、部品および仕掛品在庫が劇的に減少していることがわかるよね。

◇「かんばん」で工程間の在庫のムダをなくす

 ガラッと変わりましたね。この箱のようなものと、クルクル回るものは何ですか？

 これは、かんばん方式を利用していることを示すもの。これもトヨタ自動車が開発した手法で、「かんばん」と呼ばれる内容物の情報を示す紙を使用することで、使われた分だけつくることをコントロールして必要以上の在庫を持つことを防ぐことができるのよ。**図2-4-9**に示す簡単な絵で説明しましょう。

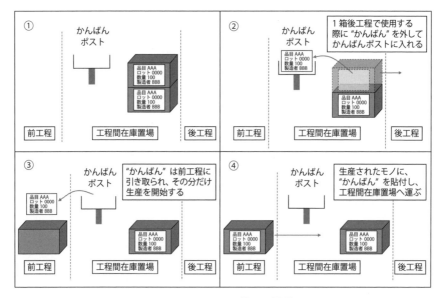

図2-4-9　かんばんの機能

 単純だけど、すごい仕組みですね。

 かんばんは、在庫の制御だけでなく、それ自身が情報伝達の役割も担うため、現場が自律的に動けるようになるのよ。だから、溶接工程への生産指示をなくすことができるの。さらに工程間だけでなく、サプライヤーへの情報伝達にかんばんを使用すると、サプライヤーへのオーダ送信もなくすことができるわ。

 知れば知るほど、すごいなー！

 かんばんは、必要なモノを必要なときに、必要な量だけ供給する"JIT（Just In Time）生産方式"を実現するツールでもあるのよ。あ、この時点で今週のテーマである施設を飛び出しているかな。VSMは、顧客とサプライヤーを含めたサプライチェーンの改善も一部取り込まれているの。サプライチェーンについては今度、詳しく教えるからね。

まだまだ学ぶことはたくさんありそうです。学ぶほどにIEの奥深さに感心する佐藤くんは、この後も楽しみになってきました。

 今までの実習はどうだった？

 IEは、てっきり人の動作など細かい部分を対象としているのかと考えていましたが、まさか施設全体のムダを見つけることができるとは思いませんでした。

 以前、IErにとって、「鳥の目」の視点と「虫の目」の視点を持つことが必要だと説明したよね。今回の施設全体の改善はまさに「鳥の目」ね。鳥が上空から地上の獲物を探すように、施設全体を俯瞰して見ることを示しているのよ。「鳥の目」で施設全体の問題点抽出・改善を行いつつ、「虫の目」で作業・工程レベルの問題点抽出・改善を行う力をつけられることをめざしましょう。
　ただし、施設全体の改善は対象とする範囲が広いから、実施する際には部署横断的なチームを結成するとともに上の人を巻き込む必要があるわ。実施のハードルは高いことを覚えておくといいよ。

佐藤くんは思わず姿勢を正しました。

 残った時間で、改善案の実現可能性について現場を見ながら考えてみましょう。

【日常パート】うどん屋とショッピングモールの動線調査

▶うどん屋での気づき

　さて、今日は土曜日。会社は休みです。
　佐藤くんは昼食をとりに、セルフ形式のうどん屋に入りました。すでに2時

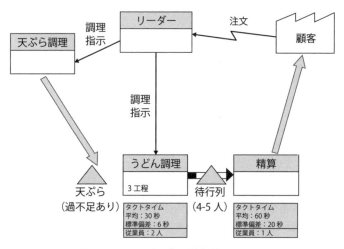

図2-4-10　うどん屋全体のVSM

だったため、混んではいないと思いましたが、注文する場所には4〜5人の行列ができていました。しかし、店内の席はそこまで混んでいません。

　佐藤くんは研修を思い出し、店内のどこかにボトルネックがあるのではと考え、店内を見回したところ、レジの回転率が悪いことに気づきました。レジの担当者は慣れていないせいか、うどんやトッピングの識別に時間がかかっているようでした。また、お客さんの支払いにかかる時間にも差があるため、精算にかかる時間のバラツキも大きいと思いました。

　さらに、トッピングである天ぷらの在庫量にバラツキがあるのも気になりました。在庫があふれているものもあれば、在庫がないものもあります。

　さっそく研修を思い出しながらVSMを描くことにしました。「顧客がリーダーに注文を出すと、リーダーから天ぷら調理に指示が出る。うどん調理は30秒で顧客にうどんを渡す。顧客は並んでいる天ぷらの中から好きなものをピックアップして自分の皿に載せ、レジに進み、精算を済ませると席を選んで座る。並んでいる天ぷらはリーダーがときどき目視で確認して、なくなりそうなものを天ぷら調理に補充の指示を出す」とぶつぶつ言いながら、うどん屋全体のVSMを描き上げました（**図2-4-10**）。

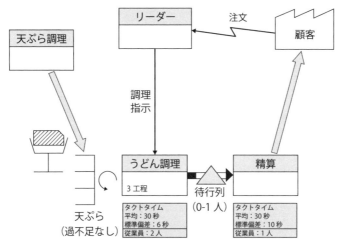

図2-4-11　天ぷら調理と生産方法を改善したVSM

　精算のタクトタイムが長いため、精算前に待ち行列が発生していることがわかります。また、天ぷらの調理はリーダーの指示によるため、その指示が的確でなければ天ぷらの在庫に過不足が発生することが予測できます。

　そこで、佐藤くんは以下の改善案を考えました。
【精算】
　○天ぷらは具材によって金額が異なるが、大きさを変えて金額を同じにし、個数で計算できるようにする
　○精算のタクトタイムを短くするため、自動精算機を導入して、レジの入力が終わったらお客さんは自分で代金精算を行えるようにする
【天ぷら】
　○天ぷらを置くトレーを、需要量と加工時間に応じてサイズと枚数を決定し、1枚空いたら次の加工を始める

　改善後のVSMは、図2-4-11に示す以下のようになります。精算のタクトタイムが60秒から30秒に短くなり、待ち行列を減らすことができます。同時に、このシステムで単位時間に扱うことができる客数も増えます。また、トッ

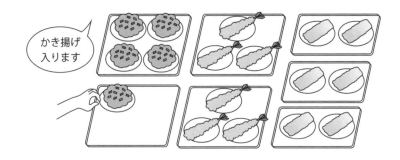

ピングの在庫は常に一定量以下に抑制され、在庫の過不足を防ぎます。さらに、トレーが調理指示を兼ねるため、リーダーからの調理指示が不要となります。

▶ショッピングモールでの気づき

　佐藤くんは休日に、郊外のショッピングモールへ服と食料品を買いに車で出かけました。一通り買い物などを済ませて車に戻ったところで、鈴木さんが「IEが対象とする施設にはショッピングモールも含まれる」といっていたことを思い出しました。

　家に戻り、断面図を用いて、自分がたどったルートを流れ線図で描いてみました。まずは工程図記号の使い方に悩み、購入に関わらず店舗に立ち寄ることを加工と考え、入店を○で示すことにしました。また、当初目的としていた入店（計画購買）を●、不意の入店（非計画購買）を○として区別したところ、**図2-4-12**に示す流れ線図が完成しました。

　地上の平面駐車場は混雑していたため、売り場上4階の駐車場に車を停めました。店の配置を把握している佐藤くんは、停めた場所が本屋の近くであることに気づき、まずはIEの本を見てみようと思い、本屋へ行きました。意外とIEに関連する書物は少なく、実際の適用例や主なツールの紹介がされている『IEの強化書』と題された本を購入しました。

　その後、当初目的であった服を買いに大手衣料品店Uへ向かいましたが、その道中に気になる専門店4カ所とスポーツ用品店に入店した後、ようやく到着しました。大手衣料品店Uでは目的の服が売り切れており、類似の服があると

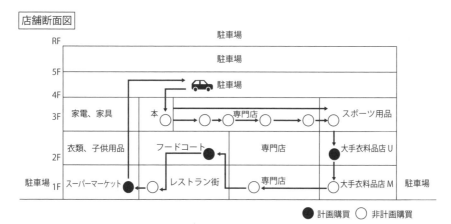

図2-4-12　実際に歩いたコースに基づくショッピングセンター内の流れ線図

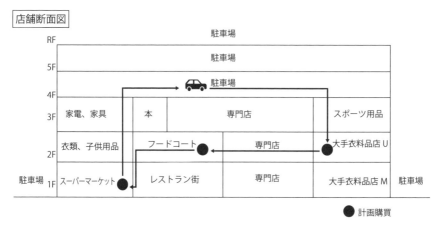

図2-4-13　ショッピングモールの流れ線図

予想された大手衣料品店Mに立ち寄り、目的の服を購入することができました。

　そこで、ちょうど昼の時間になったため、フードコートで昼食をとりました。フードコートへ向かう途中にも、専門店に立ち寄りました。昼食を済ませた後、レストラン街にあるコーヒー店でコーヒーを飲みながら、先ほど購入した『IEの強化書』を読み始めました。1章を読み終えたところで、スーパーマーケットで夕飯の買い物をして駐車場へ戻りました。

改めて流れ線図で見ると、一筆書きで効率的に動いているように思えますが、結果的にモールの大部分を経由しており、概算で総歩行距離は465mでした。当初予定していなかった店舗に多く入店していることが明確であるため、予定していた店舗だけに入店した場合の距離を試算しました。ルートは**図2-4-13**に示すようになり、総歩行距離は概算395mで、15%しか短くなっていないことがわかったのです。

　これは、店舗の設計思想に関係があります。ショッピングモールの場合、店舗としては顧客にできるだけ店内にとどまり、お金を使ってもらうことが目標となります。そのため、多くの人の計画購買の対象となる大規模店舗を両サイドに配置し、その間に専門店と呼ばれる小型テナントを配置します。顧客はおのずと店内を回遊することになり、非計画購買をすることとなります。また、多くの人が利用するフードコート、レストラン街は1階か中間階に設けることで、どの駐車場に車を停めたとしてもそれなりの距離を歩かせることとなり、購買機会を増やすことができます。

　内部の店舗配置は顧客の動きを考慮されています。この例では、フードコートがある2階に子供用品売り場とファミリーに人気の大手衣料品店Uを配置することで、ファミリー層に考慮されたものにしています。また、夕方から夜にかけては、夕飯の買い物のためスーパーマーケットのみを利用する顧客、夕飯のためだけに来店する顧客があるため、スーパーマーケットとレストラン街を1階に配置しています。ただし、来店目的に最適な駐車場が空いている場合は少なく、駐車場の配置と車両の誘導方法が今後の課題と考えます。

　このように、IEツールは日常にも応用できますが、IEツールの活用において、重要なポイントが2つあります。1つはそのまま使うだけでなく、佐藤くんが工程図記号を使いやすいように変えたように、分析対象に合わせてアレンジすることです。もう1つは、分析対象によって適切な評価項目を用いることです。

　店側の視点で考えれば顧客の歩行距離を長くし、購買機会を増やすことが目的となり、製造業で求められる動線最短化とは異なることがわかります。ただし、ショッピングモールにおいてもバックヤードの物流動線は、製造業と同様に最短化されるべきです。

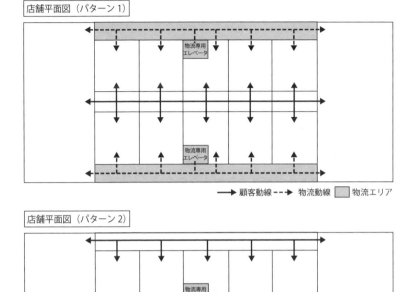

図2-4-14　物流動線最短化への視点

　ショッピングモールでは、大きく図2-4-14に示す2パターンで計画されます。パターン1では、顧客動線を店舗の間にとり、物流動線を専用エレベータとともに外側に設置しています。これに対して、パターン2では、中心に物流用エレベータと物流動線を配置し、外側に顧客動線を配置しています。どちらも点線で示される物流動線は、実線で示される顧客動線と完全に分離され、かつ各店舗に対して最短にアクセスできるよう工夫されていることがわかります。

【参考文献】

・中井重行、髙橋輝男、金谷孝、吉本一穂「工場計画」共立出版（1979年）

本節のテーマ 経営資源の活用におけるムダをIEで削減し、経営目標の実現に貢献しよう

本節のポイント

◇経営資源をムダなく活用して経営目的を達成する
◇IE改善が経営指標の改善につながる
◇IE改善がどのコストの改善につながるかを意識しよう
◇工場・企業でもインプットとしての経営資源を活用してアウトプットにつなげることが大切
◇工場の生産計画は需要予測から始まる
◇部品をムダなく発注する方法
◇工場で使う情報システムとはどんなもの？
◇グローバルな企業活動を支える物流も改善の対象
◇お金の流れをイメージしよう
◇人材育成は企業活動での最も重要な投資

　生産管理部に配属されて、作業や工程、工場全体を見てきた佐藤くん。今日はIEの勉強の仕上げとして、経営とIEの話を聞きに、生産管理部の高橋部長のもとに鈴木さんと伺います。その前に、佐藤くんは鈴木さんに尋ねます。

　IEって現場改善ですよね。経営と関係がありますか？　経営者の作業分析とかですか？　そもそも経営者や会社の幹部の仕事にムダはあるんでしょうか？

　佐藤くん、私は高橋部長とは長い付き合いだから、いろいろな視点での話が聞けると思うの。高橋部長はこの工場の出身だけど、一時は本社で経営企画の仕事もしていたわ。まあ、楽しみに…。

　鈴木さんは佐藤くんの質問に、まともに答えてはくれません。そろそろ高橋部長のところに行く時間になりました。

◇経営資源をムダなく活用して経営目的を達成する

　2人で高橋部長の席に伺うと、「ここでは話しにくいので…」と、会議室に連れて行かれました。高橋部長は分厚い本を手にしています。これまでのIEの勉強は、現場に行って、現場の様子を見ながらでした。今回は会議室。雰囲気がずいぶん違います。佐藤くんは、「現場ではないけど、ここでIEの勉強ができるのかなあ」とちょっと不思議に感じました。

 佐藤くん、そんなに緊張しないで。では高橋部長、お願いします。

 うん、佐藤くんだったね。現場でのIEの勉強はどうだった？　だいぶIEへの見方が変わったのではないかな。というか、IEの見方が身についたというべきかな？

 はい。ムダの削減にもいろいろな視点やレベルがあることを、鈴木さんから叩き込まれました。

 そうか、それは頼もしい。鈴木さんもいよいよ本命の後輩ができたわけだね。

 私は叩き込んでなんかいませんよ。それより、経営の話をお願いいたします。

 そうだね。じゃあ、始めようか。佐藤くん、経営とは何だろう？　経営と聞いてどんなことを思い浮かべるかな？

　経営なんて面と向かっていわれても、今まであまり考えてこなかった佐藤くんは少し戸惑いました。大学でも勉強しなかったし。それとも何かの講義で聞いたかな…。

え〜っと。工場では車をつくって、営業はそれを売って。でも経営とは何かといえば、お金を儲けること、ですか？

 金儲けときたか。まあ、若い人は結構そう答えるな。トップが利益、利益といいすぎるのかな。佐藤くんのいう通り、企業はお金を儲ける、つまり利益を上げる必要があるね。でも金儲けを目的に、車をつくって売っているわけじゃないよ。お金儲けは手段。企業の目的は何だろう？　鈴木さんはわかるよね。

怪訝そうな佐藤くんの顔を見て、高橋部長は鈴木さんに話を振ります。

 佐藤くん、企業というのは設立したときの目的みたいなものがあるはずよ。経営理念、社訓、社是など呼び方はいろいろあるけれど、果たしたい目的や達成したいものがあって、企業は設立されるの。ウチの会社にも経営理念があるでしょ！

 あ、そうでした。経営理念ですね。

といって、経営理念をそらんじて見せました。

 さすがね。経営理念やそれに類するものは、企業によって書き方がかなり違うわ。専業の会社だと特定の商品・製品・技術が入っている場合もあるし、大きな会社だと少し漠然とした表現になる場合もあるね。

そこで、高橋部長は持ってきた本の1冊を取り上げました。『生産管理用語辞典』と表紙にあります。

 わからない言葉が出てきたら、その定義にさかのぼって考えることも大事だよ。今はインターネットですぐに調べられるけど、こういう辞典も重宝するのさ。

といいながら、高橋部長はページをめくります。

ここだ、佐藤くん。読んでごらん。

はい、経営ですね。「経済的な目的を達成するために財・サービスの生産・流通・販売・リサイクルを計画的に設計し、組織し、運用する総合的な活動、または、その意識的活動形態」と書いてあります。

どう、わかった？

経済的な目的を達成するというのが、先ほどの目的のところでしょうか。でも、経済的な目的というと利益になりませんか？

経済という言葉を狭く取ると、そう読めなくもない。ただ、経済は社会全体と広く深く関わっているから、自社の利益だけでなく、社会全体の経済的発展というのも経済的目的になり得るね。あ、ちょうどいい。その下の項目も読んでごらん。

え〜っと、経営工学ですね。あ、Industrial Engineeringと書いてあります。JIS生産管理用語では、"経営工学"とは「経営目的を定め、それを実現するために、環境（社会環境および自然環境）との調和を図りながら、人、物（機械、設備、原材料、補助材料およびエネルギー）、金および情報を最適に設計し、運用し、統制する工学的な技術・技法の体系」とあります。

そこまででいいだろう。つまり、ある経営目的を達成するために、人、モノ、金、情報を使いこなしていくこと、これを経営ということができるね。

ここで、鈴木さんが口をはさみます。

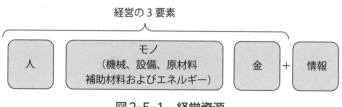

図2-5-1　経営資源

人、モノ、金、これを「**経営の3要素**」と呼びます。今は情報化社会だから、これに情報が加わって、「経営資源」となるわ（**図2-5-1**）。これまで人や設備、ラインのムダを改善する視点や手法を見てきたけれど、それはリソースの活用でのムダをなくすことで生産性を上げようとしてきたわけ。人、モノ、金、情報も経営資源──リソースだから、当然上手く活用してムダをなくしたい。これはIEの考え方そのものだから、IEと経営は本来、切っても切れない関係にあるの。

そういわれると、IEが経営につながっていることも理解できる気がします。

◇IE改善が経営指標の改善につながる

ここで、高橋部長が少し視点の違う話を始めました。

佐藤くんはさっき、「経営とはお金儲けではないか？」といったけど、あながち間違いではないよ。会社の経営の良し悪しは何によって決まり、判断されるんだろう。社内的な評価もあるけれど、今は社外からの評価を考えてみよう。ある会社を想定して、この会社が上手く経営されているかどうか、あるいは経営が良くないのではないかと考えるとき、佐藤くん、これは何で判断できると思う？

う～ん、利益とか業績…ですか。今期の業績とか、課の連絡会でも話

が出ますし、僕らのボーナスにも影響してます。

じゃあ、社外の人はどうやって、ある会社の業績を知るんだろう。鈴木さん、教えてあげて。

はい。企業の業績は、財務諸表という形で公開されます。特に重要なのが損益計算書、貸借対照表、キャッシュフロー計算書の3つで、「財務3表」ともいうわ。佐藤くんのいっていた利益は損益計算書に示されているし、会社の持っている工場、設備、在庫などは貸借対照表で、会社が保有する現金はキャッシュフロー計算書に出てくるの。

IEで現場改善をする。これで、現場がムダのない強い体質に変わっていく。これは大切なことだし、強い現場になればトップが考えるいろいろな経営施策を、確実に現場で実行できることにもつながる。それはそうなんだが、私たちのような工場の管理職は、IEでの改善の成果が財務諸表のどこに現れるのか、現場の改善の結果をどう経営改善に結びつけていくか、逆にいえば、経営改善につながる現場改善をどう進めるか。ここを考えなくてはならないんだ。

佐藤くんは、真剣な表情で高橋部長の言葉に耳を傾けています。

作業のムダをなくして、ラインバランスを改善すれば、従来のラインで生産数を上げることができる。これは売上の増加だけでなく、利益を上げる効果もある。それから在庫削減のポイントも、鈴木さんから教わったよね。在庫を削減できれば、よりスピーディにお客さんに車をお届けすることができて、やはり売上や利益の増加につながるだけでなく、会社が銀行から借りているお金を減らすこともできるんだよ。借金は少ない方がいいに決まっているからね。

会社を維持していくためには運転資金が必要で、それは銀行からの借入金で賄う比率が高いのよ。運転資金とは、文字通り会社が事業を続

けていくための資金で、普通は「売掛金＋在庫－買掛金」で計算するの。売掛金や買掛金は財務や会計で出てくる言葉で、これについてはまたそのうち教えてあげる。いわゆる、"ツケ"で売り買いしていることだと思えばいいわ。とにかく在庫を減らせば運転資金が減って、銀行からの借入金も減らすことができるのよ。

IEを使って経営に効果が出せるということが、少しわかってもらえたかな。佐藤くんも、自分が進める改善が、どのように経営に貢献するかを考えて改善を進めてくれ。じゃあ、少し休憩して、次はお金儲け、利益の話をしていこうか。

◇IE改善がどのコストの改善につながるかを意識しよう

休憩が終わると、さっそく高橋部長は佐藤くんへの質問から始めました。

じゃあ、利益の話をしよう。佐藤くん、そもそも利益とは何だい？

えっと、売上から費用を引いたもの…ですか？

その通り！　売上とは製品やサービスを提供した対価だね。費用・コストとは、製品をつくったりサービスを提供したりするのに要するお金だ。原価ともいわれる。原価や費用を分類するやり方がいくつかあるんだ。まず、原価の3要素とは何だか知っているかな、佐藤くん。

　さっきは、経営の3要素、こんどは原価の3要素か。3要素ばかりだな…などと思いつつ、佐藤くんははっきりと答えます。

わかりません！

あれれ…教えなかったっけ？　材料にかかる費用と…。

まあ、いいよ。原価の3要素とは、材料費・労務費・経費のこと。ぜひ覚えておくといい。材料費は原材料や部品の購入費用、労務費は人件費など人に関わる費用、経費はそれ以外の費用だ。

 それ以外の費用とはどういうものですか？

 光熱費や賃借料、それから設備の減価償却費が代表的なもの。これは、費用が何に対して支払われているかによる分類方法だけど、また違う視点の分類方法がある。それが「固定費」と「変動費」だ。

 固定費と変動費、ですか。

 そうだ。まず変動費は、売上高の変化に比例して増減する費用。代表的には材料費だね。売上高が増えて生産台数が増えれば、それに比例して材料の使用量も増える。だから、売上高に比例して材料費も変化する。そのため変動費と呼ばれているんだ。現場で働く作業者の賃金も変動費と考えられる。
　一方で、売上高が変化してもほとんど変わらない費用がある。例えば工場の土地代や賃借料、他には工場で働くスタッフの人件費。これらは多少生産量が変化しても、基本的には発生金額が変わらない。だから固定費と呼ばれるんだよ。

 売上に比例して変化する変動費と、売上が変化しても変わらない固定費ですね。

 理解が早いな。そこで、さっきの利益と売上高、費用の関係に戻ろう。

高橋部長は、ホワイトボードに次の式と、グラフを書きました（**図2-5-2**）。

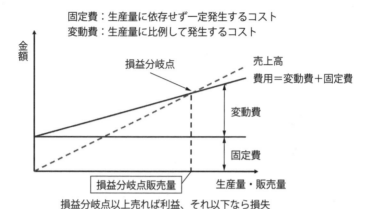

図2-5-2　損益分岐点分析

$$利益 = 売上高 - 費用$$
$$= 売上高 - （固定費 + 変動費）$$

 こう書けるよね。ところで、固定費がある以上、売上高がゼロだと利益はマイナスになる。では、どれだけの売上高があれば、利益が出せるようになるだろう。それを分析するのが損益分岐点分析だ。さっきの式で、売上高と費用が同額であれば、利益がゼロになるね。このグラフの売上高と費用がクロスするところを「**損益分岐点**」と呼び、そのときの売上高が損益分岐点売上高なんだ。工場では、損益分岐点生産高、損益分岐点操業度とも呼ぶことがある。

　高橋部長は、「損益分岐点売上高のときは売上高と費用が等しいから、式を変形していくと、こうなるね」と解説しながら、ホワイトボードに式を書き足していきます。

　売上高と費用が等しいとすると
$$売上高 = 費用$$
$$= 固定費 + 変動費$$

変動費を左辺に移動すると、

$$売上高 - 変動費 = 固定費$$

左辺を売上高でくくると、

$$売上高 \times \left(1 - \frac{変動費}{売上高}\right) = 固定費$$

変動費／売上高　は変動費率を表しているので、

$$売上高 \times (1 - 変動費率) = 固定費$$

両辺を（1－変動費率）で割ると、

$$売上高 = \frac{固定費}{1 - 変動費率}$$

となる。

式を変化させたわけだけど、売上高に占める変動費の割合を、変動費率とするよ。そうすると、最後の式が成り立っているときに、利益がゼロ、つまりこの式が成り立つ売上高が損益分岐点売上高となる。佐藤くんは工学部の出身だから簡単だよな。

わ、わかりました！

例えば、固定費が1,000万円、そして変動費率、つまり売上高に占める変動費の比率が75％だとすると、損益分岐点売上高は、1,000万円／（1－0.75）＝1,000万円／0.25＝4,000万円となる。固定費と変動費率だけから、どれだけの売上高を達成すれば利益が出せるようになるのか、簡単に算出できるのがこの方法のポイントだよ。

なるほど…。

ただ実際の費用は、厳密に売上高に比例するコストや、まったく売上高に関連しないものに分けられるわけではないんだ。それにいくつも製品があれば、変動費率だって製品ごとに違うし、製品別の売れ行きによっても変動費率が変わってくる。だから、大まかな損益分岐点の

目安の算出として使われるケースが多いんだよ。

でも、先ほどの式を使えば、固定費を削減するか、変動費率を下げれば損益分岐点が下がることがわかります。

いい点に気づいたね。変動費率を下げるということは、製品価格の中の材料費や作業費用を減らすということだから、結局は原価の3要素で材料費、人件費、経費を削減していくことが固定費の削減、変動費率の低下につながる。IE改善は、それぞれの改善が固定費の削減なのか変動費率の低減なのか、どちらにどのように影響するかを気にしながら進めて欲しい。じゃあ、午前中はこのくらいにしよう。

◇ 工場・企業でもインプットとしての経営資源を活用してアウトプットにつなげることが大切

昼休みが終わり、佐藤くんと鈴木さんが午前中の会議室に向かうと、すでに高橋部長が待ちかねていました。

おう、2人とも来たな。じゃあ午後のセッションを始めよう。まず工場とは何をするところか、改めてそこから考えてみよう。工場とは、何がインプットで何がアウトプットなんだろう？

工場のインプットとアウトプットですね。アウトプットは製品、この工場だと乗用車になります。インプットは、う～ん、原材料ですか？

まあいいだろう。この工場のアウトプットは乗用車だ。インプットは、まずは原材料・部品。これらの原材料を加工して部品をつくって、購入した部品と組み合わせて自動車をつくっている。思い出して欲しい。これは経営資源でいうと、"モノ"だ。モノのインプットは他にはないかな。

そういえば、先ほどの辞典には、機械・設備やエネルギーというのも書いてありました。加工設備や組立に使うロボットなどもインプットになりますね。エネルギーは電力ですか？

そうだね。加工や組立をする際のインプットと考えられるね。他にも工場建屋もインプットと考えられるし、材料運搬に使われるフォークリフトやAGV（無人搬送車）もインプットとなるね。では、モノ以外の経営資源ではインプットはどうだろう。金は後回しにして考えてみよう。

そうなると、人と情報ですね。人は加工の際の労働力になるから作業者、情報は何だろう。設計情報ですか？

まず、人を考えよう。現場の作業者は直接部品を加工して、車を組み立てている。正味作業をしてくれているね。だから当然インプットだけど、作業者以外にも部品をラインに供給する人、部品を調達する人、生産計画を立案する人、それに工場を稼働させるための総務部門などスタッフの人、みんなインプットと考えられるよ。

そうなんですね。工場建屋がインプットなら、工場を運営するために必要な人は、みんなインプットになりますね。

情報では、設計情報も製品を加工して組み立てるのに必要なインプットだ。それ以外に、部品の情報、例えば価格や仕様、それに部材の成分・組成なども大切な情報だね。そして、生産計画をつくるための需要情報、これがないとお客さんのところにタイムリーに製品をお届けできない。それから工場を運営するという意味では、労働関係・環境関係など工場が守るべき法や規制も情報だが、これらは活用すべき経営資源というより制約条件だから、IEとは直接関係がないともいえるね。でも作業改善、工程改善をして残業が減れば働き方改革にもつながるし、危険作業をなくせば安全な職場ができる。材料歩留りを改

善して廃棄物を削減できれば、環境にも配慮することになるね。

 材料歩留りは、原材料からどれだけの部品を加工できるか、ということですね。加工の際の廃棄物を少なくして、原材料をムダなく部品に加工できれば、環境にも優しいです。これまで気にしてきませんでしたが、工場のインプットがこんなにたくさんあるとは気づきませんでした。インプットのムダを省いて、効率的に運営していくのが工場長の役割なんですね。

 一般には、生産活動のインプットは、生産の4M（人・設備・原材料・方法）と土地・建物・エネルギーとまとめることができる。これらの経営資源を上手く活用して経営目的を達成していくことが、経営のポイントだったね（**図2-5-3**）。では、これから経営資源活用の手法を紹介していこう。鈴木さん、サポートをよろしく。

◇工場の生産計画は需要予測から始まる

高橋部長は鈴木さんに向かって話し始めます。

 経営資源活用の手法といっても、どこから話を始めようかな。現場のことは一通り教えたんだよね。

 そうですね。人や設備については、理解してくれていると思います。情報や、製造周りの間接業務を教えていただけますでしょうか。

 情報関係と、製造周りの間接業務となると…調達や倉庫業務になるかな。じゃあ、まずは需要予測からだな。

 需要予測ですか？

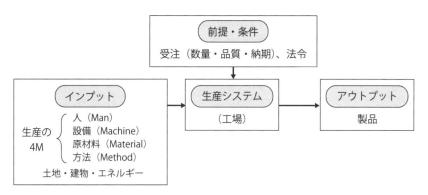

図2-5-3　経営資源の活用

機械系出身の佐藤くんにはあまりなじみがありません。

 需要予測は、製品づくりのある意味ではスタート地点ともいえる。どの製品がいつ、どこでどのくらい売れそうかがわからないと、適切な生産計画が立てられない。新製品の話はまた別の機会として、既存製品の需要予測は、数年レベルの長期予測、年間計画レベルの中期予測、それから月・週・日単位の短期予測などがあるんだ。長期計画では景気や税制なども視野に入る。年単位では季節要因も考慮する。短期計画は実際の日々の受注データから予測をしていく。とはいえ、各販売店の日々の受注販売台数は製品ごとにかなりばらつくんだよ。

 では、どうやって需要を予測し、生産計画を立てるんですか？

佐藤くんの問いに対し、高橋部長に促されて鈴木さんが話を始めます。

 個々の販売店の製品別の日々の数字はバラツキが大きいの。まずは販売店別ではなく、販売店のデータを集計した数値を例えば販売倉庫ごとにまとめることで、少しバラツキが減るわ。その日々の製品別の売上台数を元に、つまり過去のデータから需要を予測していくの。代表

的な方法としては、一定期間の過去データの平均を使う"移動平均法"
や、古いデータの重みづけを減らしていく"指数平滑法"があるわ。

その需要予測を、そのまま生産計画に使うんですか？

いいえ。生産計画では、製品在庫を考慮する必要があるの。販売店や
販売倉庫に在庫があるから、その分は需要予測から減らして生産計画
を立てなければならない。でも、在庫にはすでにお客様の受注が確定
しているものもあるから、それが需要予測に入っていない場合、生産
計画からも差し引かなくてはならないわね。
　生産計画といっても、明日の計画を今日決めるわけではないのよ。
生産計画固定期間というのがあって、3日とか1週間とかの生産計画
は確定しておくの。そうしないと、部品の調達や作業者の効率的な配
置ができないわ。つまり、その先の生産計画を決めていき、さらに売
れ筋の車種はある程度、販売倉庫に在庫を確保しておく必要もある。
そういうことを考えながら、生産計画を決めていくのよ。

かなり難しい作業ですね。

そう。生産計画次第で売上数量や利益が変わってきてしまうからね。

鈴木さん、ありがとう。佐藤くんも需要予測や生産計画の大切さがわ
かったかな。生産計画にも、数カ月から2年程度の長期計画に当たる
大日程計画、数カ月レベルの中日程計画、日から週単位の小日程計
画、時間単位の計画があって、それぞれ大日程計画は工場の生産能力
設計、中日程計画は主要な部材や部品の手配、小日程計画は作業者や
設備の稼働計画、時間単位の計画は工程進捗管理などに使われるのが
一般的だ。

◇部品をムダなく発注する方法

鈴木さん、佐藤くんを部品倉庫には連れて行ったかな？

はい。工場全体、部品入荷から出庫までの現場はすべて回りました。

多くの棚に部品が整然と並べられていて、部品点数の多さに驚きました。

最初はびっくりするわよね。でも生産計画に応じて、必要なすべての原材料や部品を手配しなければならない。簡単にいうと、部品手配の考え方には「**定量発注方式**」と「**定期発注方式**」があるの。定量発注方式は、ある部品の在庫数量が一定数量以下になったら、あらかじめ決められた数量の部品を発注する方法で、決められた数量を発注するから "定量発注方式" というわ。この数量を下回ったら発注するという在庫数量を "発注点"、決められた量を "発注量" というのよ。発注してから部品が納入されるまでの期間を考え、その期間の生産に必要な分の部品が発注点となるわ。"ダブルビン方式" って聞いたことある？

ダブルビン…。どこかで聞いたような…。

身近な例では、トイレットペーパーのホルダーを思い出してみて！ダブルビンは定量発注方式の1つで、同じ数量が入る箱を2つ用意し、まず片方の箱の部品だけ使うようにする。その箱の部品がなくなったら、もう1つの箱から使い始めるのと同時に、空の箱の分だけ部品を発注する。発注点と発注量が同じ数量になるわね。この方法だと、いちいち在庫の数を数えなくても、箱が空になっていればそれが発注点の合図となるから、現場でも簡単に管理ができるでしょ。

なるほど。もう1つの定期発注方式とはどういうものですか？

定期発注方式は、週に1回など発注する頻度を決めて、そのタイミングで必要な量の部品を発注する方式よ。発注タイミングが決まっているから"定期"発注方式。それぞれ発注するときに、次の発注までの生産計画数量を見て発注数量を決めるから、毎回発注量が異なるわ。定量発注方式は、使用頻度が高い部品に使われて、どちらかというとざっくりとした管理。これに対して、定期発注方式は生産計画に連動して、よりきめ細かな管理ができるけど、その分手間もかかる。部品の使用頻度や部品価格、納期などに応じて発注方式も変えるのよ。

高橋部長が口をはさみます。

鈴木さん、経済的発注量も説明したらどうかな。発注にもコストがかかることを理解してもらえるよ。

そうですね。部品を発注するといっても簡単ではなく、業者とやりとりをして見積りを取ったり、発注伝票をつくって処理したり、それなりに資材調達関係者の作業がかかるのよ。つまり、コスト、この場合は人件費が発生するわけ。だから、ある程度の数量をまとめて処理してコストを増やさないようにしたい。
　このまとめた数量が、在庫構造分析のときに出てきた"購入ロット"ね（図2-4-6）。業者にしてみれば、毎回1個ずつ納品するわけにもいかないから、まとめてもらった方がありがたい面もあるわ。一方、一度にたくさんの部品を発注するとそれだけ保管のスペースが必要だし、管理のコストもかかるよね。つまり1回にまとめる発注量を増やすと、部品1個当たりの発注コストは下がるけど、保管費用は上がっていく。このトータルコストが最小になる発注数量を、経済的発注量（EOQ：Economic Order Quantity）というのよ。

部品発注にもいろいろな考え方、手法があるんですね。

高橋部長がくぎを刺します。

手法はもちろん大切だけど、もっと大切なことは、それぞれの部品がいくつあるかを常に正確に把握しておくことなんだ。そうしないと、定量発注方式では部品在庫数量が発注点を下回ったのかわからないし、定期発注方式ではいくつ発注すべきかわからない。でも、倉庫にあるすべての部品の数量を管理するのは簡単なことじゃない。その管理のために、工場でも生産情報システムを使って部品の増減を管理するのに加え、毎月の月末に全部品の数をすべて数えて生産情報システムの数量と比較、チェックするという "棚卸" を実施するんだ。システム上の部品数と実際の部品数が合っていないと、きちんと管理された工場とはいえないからね。

◇工場で使う情報システムとはどんなもの？

高橋部長がホワイトボードに「生産情報システム」と書き、佐藤くんの方を振り向きました。

需要予測で情報を扱って、部材調達でモノの管理から情報システムの話を出したね。VSMのところで工場の中の情報の流れやかんばん方式は教わったね（95ページ）。これらは主に着工の指示をする方法なんだけど、広い意味で「**MES**（Manufacturing Execution System：製造実行システム）」と呼ばれることもある。各工程の進捗に従って次の工程に着工指示を出す仕組みだ。工場の生産情報システムで知っておかなければならないのは、「**MRP**（Material Requirement Planning）」だね。鈴木さん、この説明をお願いするよ。

はい、MRPですね。MRPは日本語に訳すと資材所要量計画。生産計画と、部品在庫、発注済みの未納部品の数や納期をデータで持っていて、必要な部品を必要な日までに手配できるように発注するシステム

のことをいいます。

製品の種類が多いと部品の点数も多いし、複数の車種で共通に使われる部品も多いから、実はこの計算には時間がかかるんだ。以前は数時間もかかるので、週末に1週間分まとめてやっていたけれど、今はコンピュータの能力も上がったので毎日実施している。基本的には、生産計画に合わせて必要な数量を計算するから定期発注方式になるが、設定すれば定量発注方式でもできるんだ。

部品発注量の計算は、生産計画が基本になっているのよ。本当は生産計画をつくる段階で、生産能力が十分かどうかを考慮しなくてはならないんだけれど、MRPでは生産計画は入力データとして取り扱われて、システムで生産能力はチェックできない。そこで、人員や設備能力といった生産資源の制約も考慮してくれるMRP II がその後登場し、さらに、生産だけでなく販売、在庫管理、物流、購買、財務会計、人事管理など、およそ工場や企業の基幹業務をカバーするシステムとして「ERP（Enterprise Resources Planning：企業資源管理）」が1990年頃から使われてきているのよ。

生産情報システムにもいろいろなものがあるのですね。そういえば、部品の数は情報システム上ではどう管理するのですか？

いいところに気づいたわね。倉庫に入荷されたときに在庫の情報システム上の在庫数量を増やして、次に倉庫から現場に部品を運ぶとき、これを"払い出す"というのだけれど、そのときに払い出した数量を入力して、情報システム上の部品の数量を減らしているの。でも、ねじ類はいちいち生産計画に従って払い出さず、製品が完成した段階でいくつ使ったからその分在庫が減ったはず、という計算をしているケースが多い。こんなところですかね、高橋部長。

そうだね、それくらいでいいだろう。繰り返しになるが、部材の数量

コラム　デジタル化が進む中でIEを学ぶ意味

　近年、急速にデジタル化、DX（Digital Transformation）が進展している。日本政府もデジタル庁設置に向けて始動したことは、みなさんも耳にされたことと思う。デジタル、データで見える化が実現できる世の中で、IEの役割はなくなってしまうのだろうか？

　今、現場で起きている事実は、膨大なデータとして収集できるように変化している。A社では、すべての経営資源の状況、受注出荷、生産、設備の稼働、品質の状況などをデータで取得し、業務改善にAIも活用している。現場の改善状況の確認なども遠隔で実施できるようになり、多くの人が同時に状況を共有できるなどメリットもあり、働き方も変化している。多品種少量生産など発生頻度の少ない事象については、データだと前回の実績と比べやすく、見える化が進み、改善サイクルが高速化したという実績が出ている。

　とはいえ、現地、現物、特に人に関わるところは実際に目にするものと、画像、データを通して見えるものとは、情報の質に差がある。取得できるデータが膨大であるがゆえに、気をつけないとデータから何を読み取るべきか焦点がぼやける可能性もある。A社では、現場・現物から見える課題と、データから読み取った現実を突き合わせながら、改善を続けており、IE視点で課題を概観し解決策を考察、実施する力と、データを読み取る力の両方を兼ね備えた人材の育成に力を入れている。

　3現主義（3ゲン主義）とは「現場」「現物」「現実」を重視し、データや報告書だけで考えるのではなく、実際に現場で現物をしっかり見て、現実を自分の目で認識した上で問題解決を図らねばならないという考え方である。

　○「現場」に足を運び、場を確認する
　○「現物」を手に取り、物を確認する
　○「現実」をこの目で見て、事実を知る

管理は非常に大切だ。車は部品1つなくても組み立てられないからね。しかし、部品の数の把握だけに人手も掛けられない。システムは正しく計算はしてくれるが、入力する元データが間違っていたら、間違った結果になってしまう。

　部品の在庫数に限らず、生産情報システムと現実の現場のオペレーションを整合させるのは結構大変なんだ。業務プロセスを正しく設計して、情報システム担当者も現場作業者も手順を守って情報を入力し、ずれが発生したらそれぞれ修正して対策する。そんな地道な改善があって、初めて情報システムが現実に即した信頼できるものになるんだ。佐藤くんも今度は情報という面で現場をよく観察してくれよ。

はい、わかりました！

◇グローバルな企業活動を支える物流も改善の対象

　佐藤くんはそろそろ頭が飽和状態になってきましたが、高橋部長は疲れを見せずに続けます。

生産情報システムをやったから、次は「**SCM**（Supply Chain Management：サプライチェーンマネジメント）」だね。これが終わったら休憩にしよう。当社は国内に5つの工場を持ち、それぞれで自動車を生産してるのは知っているね。各工場で生産できる車種は決まっている。つくられた自動車は5つの販売倉庫を経て、各地の販売店に送られる。グローバルで見ると、北米に3工場、中国に2工場、東南アジアに3工場、欧州にも2工場あって、それぞれ北南米、中国、アジア全域とアフリカ、欧州と中東をカバーしている。これ以外に国内外に部品工場と協力会社があって、主要部品を供給してもらっている。鈴木さんは、北米アトランタの工場に2年赴任していたね。

部品（空輸）

部品
（海上輸送）

製品
（海上輸送）

製品（海上輸送）

製品（海上輸送）

：工場
地域内の販売拠点へは工場から陸上輸送

図2-5-4　グローバル物流マップ

 そ、そうなんですか。道理で何でもよく知っているんですね。

佐藤くんが驚いていいますが、鈴木さんは受け流します。

 佐藤くんも私みたいに、海外で一人前になってもらいましょうかね、高橋部長。

 はっはっは。まあまあ、それはおいおい考えるとして…。

　高橋部長はホワイトボードを消すと、端から端まで使って大きな世界地図を描きました。日本がやや大きめに書かれています。その地図の中に、工場の場所を書き込み、そして倉庫、主な市場、そして工場、倉庫、市場を結ぶ線を書き込むと、主な部品がどの工場からどの工場に運ばれ、製品がどのように市場に運ばれるかの図ができました（**図2-5-4**）。

 わが社の物流の概略図だ。これはグローバル物流マップとでもいえばいいかな。物流が網の目、ネットワークになっているだろう。完成車は大きくて重いから、どうしても船で運ばざるを得ない。そうすると

国際物流に時間がかかる。モノづくりは工場でつくっておしまいではなく、お客様に届けるところまでを考えるんだ。

佐藤くんはマップを見て、会社の事業の大きさを改めて認識しました。

こんなに複雑な物流になっているんですか。すごいですね。

他人事みたいにいわないで。みんな会社の仲間がやっているのよ。

この物流全体をコントロールするのがSCM、サプライチェーンマネジメントと呼ばれる機能だ。部品の供給から製品出荷、物流、納品までを完全にコントロールして、初めてお客様が欲しいタイミングで車を提供することができる。それはそうなんだが、このグローバル物流マップを見ながらいろいろ考えることがある。

こんなすごいネットワークができていて運用されているのに、何を考えるんですか？

鈴木さんはどうだい？

そうですね、もっとよくできないか、ということでしょうか。倉庫の位置、製品配送のルートや頻度、そもそも工場の配置なんかも、今が最適かどうかわからないですよね。

そうだ。グローバル供給体制には、もっと改善の余地があるかもしれない。それに、今後の自動車需要はどうなる？　グローバル市場はどんどん変化していくから、それに合わせて供給体制も変えていかなければならない。供給体制だけではないね。新しいマーケットでアピールできる新車種も開発しなくてはならないし、それを生産できる体制も整えなければならない。考えることが山積だよ。

と、なぜか高橋部長はニコニコしながらいいました。

 ここで休憩にしよう。そして最後は、いよいよお金の流れの話だ。

◇お金の流れをイメージしよう

　佐藤くん、鈴木さんが会議室に戻ると、机の上に缶コーヒーが3本置いてあります。「佐藤くん、鈴木さん、好きなの取って。お金は要らないよ。話してると喉が渇くね」といって、高橋部長はさっさとブラックコーヒーを片手に飲み始めました。佐藤くんと鈴木さんは声をそろえました。「いただきます！」

 さてと、午前中の話を思い出して欲しいんだが、経営資源は何と何だったっけ、佐藤くん。

 えっと、人、モノ、そしてお金、情報でした。

 休憩で頭が冴えたかな。人の動きや流れは現場で見た通りだ。モノと情報の流れも工場の中は先日、鈴木さんから教えてもらった。もう少し広い意味での生産情報システムはさっき話したね。現場、工場、そしてグローバルで人が働き、モノが動き、情報も流れている。そして、そこには必ず改善の余地がある。実は、お金にも流れがある。

 お金に流れがあるんですか？　それはコストみたいな話ですか？

 コストでもないんだ。人とモノと情報は、まさに経営や企業活動の中でインプットとして活用されているのは、今まで話してきた通りだ。企業活動の中では、お金はこれらの資源を準備したり調達したりするのに使われる。少し位置づけが違うと思っている。

人やモノなど経営資源を準備するための経営資源ということですね。

そうなんだ。お金を使って経営資源を準備して、その経営資源を活用して製品を売って利益を出して、それがまたお金になる。このお金の流れ、循環をいかに効率よく行うかについても経営の重要なポイントだ。このお金の流れがイメージできるようになって欲しい。モノと情報の流れのところでも、流れを滞留させないことが大切だったよね。お金の流れも同じで、ムダな滞留させないことが大切だよ。

高橋部長は続けます。

会社を運営するには、第一にお金が要るので、集めなくてはならない。お金の集め方には大きく2種類あって、まず自己資本という自分で集めるやり方がある。通常は、会社の理念や事業の将来性に対して投資家などから投資してもらい、投資してくれた人には株式を譲渡する。こうやって集めたお金が"自己資本"と呼ばれる。
　そして、他人からお金を借りるのが2つ目のやり方だ。借りたお金は借入金や負債と呼ばれる。会社のお金、すなわち資本というのは、株式が主体の"自己資本"と他人から借りる"負債"、この2種類だ。
　他人から借りたお金は返さなければならない。返却できなくなったら、会社は倒産だ。一方で、投資家から集めたお金は必ずしも返さなくてもよい。元本が保証されていないのに投資してくれているのだから、投資家には手厚くリターンを得てもらわないと、投資してもらえない。だから会社は株価を上げるように経営を改善したり、利益の中から株主へ配当金を出したりする。投資は元来ハイリスクハイリターンなんだね。ここまではほんの入口だが、ついてきているかな。

佐藤くんは、必死にメモを取りながら聞いています。

お金が手に入ったら、次は使う番だ。製造業であれば生産の場である工場を準備して、そこに設備や人を集めて、材料と部品を購入して製

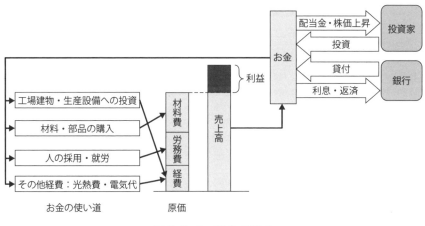

図2-5-5　お金の流れ

品を生産する。整理をすると、お金の使い道は大きく3つある。材料、部品を購入する費用と、作業者やスタッフに支払う人件費と、建屋・設備などに使う費用だ。

佐藤くんは、ふと何かを思いつき、ノートをパラパラと見返しました。

 え～っと、それってどこかで出てきたような。これだ、材料費、労務費、経費。原価の3要素ですね。

 よく思い出したね。これから、もっと本格的になるぞ（**図2-5-5**）。

高橋部長は缶コーヒーを一口飲むと、さらに続けます。

 手に入ったお金の一部で、材料や部品を購入する。この段階では、会社は何の価値も生んでいない。100円で買った部品は、基本的には100円の価値しか持っていないから、100円でしか売れないからね。人手や設備でこの材料をさまざまに加工し、部品を組みつけてい

くことで工場が出荷する製品をつくる。この加工や組みつけを行って
いくことで、単に材料や部品を買っただけでは実現できない機能を
持った製品をつくることができる。つまり、会社は価値を生んでいる
というわけだ。それが付加価値だね。

　付加価値の源泉は、人の作業や設備の加工で正味作業と呼ばれる。
部品や原材料が倉庫から払い出されて現場に投入されると、それらは
"仕掛品"と呼ばれ、仕掛品は多くの工程を経て製品になる。その過
程でどんどん価値が増えていく。会計的にはその価値が増えるのは、
費用が投入されたからと考えられる。作業者の働きや設備の働きを費
用に換算して、これが材料の価値にプラスされて製品の価値になる。

第1工程から第2工程、第3工程とへと仕掛品が工程を進むに従っ
て、仕掛品の価値が上がっていくんですね。

そうなんだ。人に関する費用は労務費として、設備や工場そのものの
費用は経費となる。設備とか工場は、自前で持っている場合とリース
の場合は考え方が少し違うんだが、いずれにしろ経費として価値の増
分になる。工場の光熱費も経費だ。

　高橋部長は材料、仕掛品、製品と、価値が増えていく様子をホワイトボード
に書きます（図2-5-6）。

自動車で考えると、1台当たりの材料や部品を50万円で買ってき
て、それを加工して塗装し、組み立てて検査して、各工程の人や設備
が働いて、会社の会計的に100万円の資産価値を持つ車が完成した
としよう。これがお客様に売れて、ようやくお金が戻ってくる。その
お金でまた材料や部品を買い、設備を買って、人を雇って自動車をつ
くって売ってお金にする。これがお金の流れ、お金の循環だ。

　高橋部長はこの流れも絵に描きます。佐藤くんは真剣に見つめています。

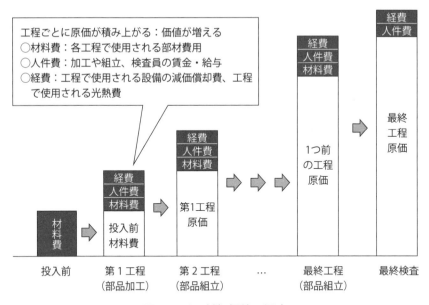

工程ごとに原価が積み上がる：価値が増える
○材料費：各工程で使用される部材費用
○人件費：加工や組立、検査員の賃金・給与
○経費：工程で使用される設備の減価償却費、工程
　　で使用される光熱費

図2-5-6　付加価値の源泉

 さて佐藤くん、この車をいくらで売る？

 えっ、100万円の価値だから100万円で売るんじゃないんですか？

 100万円で売ったら、儲けが出ないじゃないの！

 そうか、それもそうですね。でも100万円の価値なんだから…。

 100万円というのは、会社の会計上の価値、資産価値のことなんだ。儲けを出すために120万円、いや150万円ででも売りたい。そうすれば、その差額が利益になる。しかし、場合によっては90万円になるかもしれない。そうしたら赤字だな。お客様のニーズに即した製品を開発して提供すれば、その分、高く売れる。設計はマーケティングで市場のニーズを把握し、営業は個別のお客様に販売し、生産はお客様の欲しい製品を欲しいタイミングで提供する。もちろん、品質の高

131

い製品であることが前提だね。

　さて、100万円の資産価値の自動車が、仮に110万円で売れたとしよう。10万円の利益だ。佐藤くん、これでめでたしめでたしだな。

はい。ちゃんと車1台で10万円の利益が出ました！

もっと儲けたくはないか？

でも、そんなに高く売れないし…。そうか、原価を下げるんですね。

その通り！　材料、部品の50万円は据え置くとして、残りの50万円は作業者の作業、設備の加工などにかかる費用だ。人の作業のムダをなくし、設備のムダをなくして作業効率を10%上げたら、50万円の費用が45万円になって、原価は95万円。110万円で売れれば1台当たり15万円の利益だ。

IEでムダを減らせば利益につながり、経営貢献できる。現場のムダをなくして働きやすくしている、だけではないんですね。

それから在庫を減らして、モノがスムーズに流れるようになるとどうだろう。途中でモノの滞留が減って、部品を現場に払い出してから製品ができるまでの時間、つまりリードタイムが短くなる。その製品を売れば、お金を早く回収できて、早くお金が回るようになる。1回お金が回るたびに利益が生まれるとすれば、お金が回るスピードが増えれば利益がもっと増えるよね。

使ったお金がすぐに回収できてる、それも増えている。それを、さらに次の車をつくるお金に回す。そうなれば、どんどん儲かります！

そう。IEが経営に貢献できる姿が、お金の循環で少しイメージできたかな。

工程の同期化が企業の財務の健全化に貢献する

　企業経営においては、事業目的の達成に向け、事業環境の変化に対応しながら的確に人材や資金を投入していくことが重要である。そうしたことがしっかりできていないと、たとえ黒字であっても倒産する場合がある。「黒字倒産」とは文字通り、黒字、すなわち利益が出ているのに倒産することを指す。「材料や部品を買う」「給与を支払う」など、日々の事業運営に必要な資金は、手元に現金がないと支払うことができない。そのためには、お客様に商品やサービスを購入していただき、その対価が入金され、それを材料部品の購入代金や賃金の支払いに利用するというサイクルを早く回す必要がある。

　ところが入金までの期間が長いと、例え利益を出し続けていても、支払いに必要な資金がショートして企業は倒産する。これが「黒字倒産」である。それを避けるために、企業は資金調達として金融機関から借入をするわけだが、自己資本比率とのバランスを考えずに借り入れると、急激な環境変化により売上が急減して支払いが滞り、資金繰りに行き詰まる危険があるため、過度な借入は危険である。

　そうした財務面においての課題を、IEによって改善できた事例がある。

　B社はある時期、ひたすらに事業の拡大をめざし、あらゆる事業機会に対して資金と人材を投入し続けた。10年強で売上は5倍近くに拡大し、順調に成長してきたように見えたが、内側にはひずみも抱えていた。有利子負債が自己資本の何倍あるかを表すD/Eレシオ（Debt Equity Ratio：負債資本倍率）は、企業の健全性を示す財務指標として使われる。一般にその目安は1倍だが、当時は2倍前後で推移していた。財務的な健全性よりも事業の拡大を優先して、借入金に依存した事業運営は、成長が続いている間は回り続けるが、経済が低迷期に入ると、やがて経営に深刻な影響を及ぼす大問題となる。

　B社が、生産革新活動を全社で立ち上げたのはこのタイミングだった。売れたタイミングに合わせて、営業、仕入先を含めて工場からお客様に届けるまでのサプライチェーン全体を同期化させることにより、全員の力を結集して流れを短く、単純化するようにつくり直した。IEを活用して、

生産システムを再設計し、生産・物流のムダを取り、工程を同期化してリードタイムを短縮、同時に生産技術部門が新たな工法や設備を開発しながら、棚卸と原価を大きく改善していった。その結果、棚卸は1/3に、生産性は2～5倍、生産リードタイムは1/8に短縮する成果が出た。

　生産リードタイムが短縮されることによって、材料・部品・仕掛品・製品の回転が速くなり、結果として棚卸（材料・部品、仕掛、製品）の形で寝ていた資金を減らし、また原価低減を進めて適正利益を確保したことで、借入金依存の事業運営から脱却して、前述のD/Eレシオ、財務の健全性を大きく改善していった。「加工時間が短くなった」「仕掛品在庫が減った」という部分最適ではなく、全体参加でIEを活用して改善活動を進めた結果が、財務の健全化という経営の改善に貢献したといえる。その後、開発革新、間接革新へと活動の領域を広げ、現在でも全員参加で経営革新活動を続けている。

◇人材育成は企業活動での最も重要な投資

高橋部長は缶コーヒーを飲みほして、佐藤くんの方に向き直りました。

 ところで、会社がする大きな買い物、つまり、投資にはどんなものがある？

 そうですね。製造ラインで使っているロボットは高そうです。それに、部品加工のためのプレス機や塗装用の機械も。もしかしたら、工場を建てたり倉庫を建てたりすることですか？

 そうだね。設備や建屋、情報システム、研究開発にも投資がかかる。時には特許を買ったり、キラリと光る技術を持つ会社を買収したりすることもある。設備だと100万円から数億円、企業買収になると数千億円規模になることもある。

そんなにするんですか！　でも、それだけ生産性が上がったり、他社につくれない製品をつくれたりするようになるんですよね？

もちろん、それが狙いで投資をしたり買収したりする。しかし、会社で一番大きな投資は、実は人に対する投資だと私は思うんだ。君たちみたいに若く熱意にあふれた人が、私たちの仲間になってくれて、何十年もともに働いてくれる。その間に払う給料はばかにならないが、リターンも大きいんだよ。

　今は、生産管理部のメンバーが現場改善の指導をしている部分がまだ多いけれど、本当は現場の作業者や職場のメンバーが、自分たちの仕事を楽しみながら改善できるようにしていきたい。それが改善の人づくり。そうなったら、君たちメンバーはもっともっと高度なIEを学び、新しい手法を開発して、現場をさらに進歩させなければならないね。現場とスタッフとが切磋琢磨していけば、どんどん人が育つ。そういう会社にしていくことが一番の投資だと思うし、意味のあるお金の使い方じゃないかな。

　高橋部長の言葉に、佐藤くんも、そして鈴木さんも、大きくうなずいていました。気がつけば、窓の外はもう夕焼け空でした。

「カンパ〜イ」。会議室を出て片づけを終えた3人は、最寄り駅近くのワインバルに。高橋部長の行きつけの店です。店内は時間が早いためか、まだお客さんはまばらです。3人はさっそくビールのジョッキを合わせます。

いやあ、久しぶりにたくさんしゃべったから、ビールがうまいな。

高橋部長、鈴木さん、いろいろと教えていただき、ありがとうございました！

当たり前じゃない！　大事な後輩なんだから…。

チーズやサラダ、前菜盛り合わせ、アヒージョ、おいしいつまみに話も弾み、ビールも進みます。いっぱしにワインバルの作業や経営の改善などを考え話し始める佐藤くんを見て、鈴木さんはIE人材としての成長を少し感じていました。みんながジョッキを半分ほど飲んだところで、佐藤くんが聞きます。

 部長、次もビールでいいですか？

 私はワインにするよ。

　鈴木さんもワインとのことで、高橋部長がボトルを選んでいる間に、メニューを見ていた佐藤くんは早くも店員を捕まえて、こういいました。
「ワインはこのボトルとグラスを2つ。僕にはビールのメガジョッキで！」
　高橋部長と鈴木さんは顔を見合わせました。

 まだビールがこんなに残っているわよ。発注点が高すぎるんじゃない？　それに佐藤くんの発注量も多いわよ！

 大丈夫です！　モノは滞留させずにどんどん処理して、回転を上げるのがIEです！

 それはちょっと違うんじゃないか？　ムダに飲むのはよくないぞ。

　外はようやく暗くなりましたが、まだまだ会話とお酒は尽きないようです。

コラム　経営者と現場の信頼関係が継続的な改善を実現する

　企業では、中長期、および年度の経営計画を立案し、目標を施策に展開して実行している。経営者は現場の業務遂行力、改善力を信じ、またこれをサポートしながら確実に具現化することを前提に、計画・目標を策定する。社員の力を信じ、全員が経営に参画するのと、経営者が一から十まで指示をして経営するのとでは、経営スピード、成し遂げられるレベルがまったく異なる。

　C社では現場確認会と称して、毎月、社長以下、現場の第一線で活躍している社員まで現場で集まり、それぞれの視点でさらに改善するべきテーマについて確認、議論する。現場とは、生産、開発、スタッフ… 業務遂行しているすべてである。経営者は特に組織を越えて対応するべき視点で、現場をサポートしながら日々、現場で努力を続けている社員にエールを送り続ける。短期的に解決するべき重要課題については、日々、ワクワクしながら実績を共有し、追加の手を打っていく。そして日々の努力に、さらには目標を完遂したときに、心からの感謝と次への期待を社員に伝える。こんなやり取りが永続的に続き、改善を継続することが経営の前提とできる組織を、そしてそれに応え続ける人材をつくり上げていくのである。

　さらに、D社の社長（当時）から伺った言葉を、IEを勉強しているみなさんにもお伝えする。

　「社員全員が、持ち場持ち場で役割を果たし、永続的に改善し続けてくれることを信じられることは、経営する上で、本当にありがたいことなのです」

　そして、この社長が以前に在籍した同社の海外工場の現地責任者は、「社長は現場で私たちと議論し、すべてを伝授してくれました。そのことに感謝しています。これに応え続けるために私たちは改善し続けており、社長を、そしてこの会社で働いていることを誇りに思っています」と。

　改善に終わりなし。改めてそう思うエピソードである。

2章のエピローグ

　3年後、ある日の夕方。Ｚ工場の事務所の一角。生産管理部の全員が集まる前で、鈴木さんが挨拶しています。

　明日から本社の経営企画部で業務を行います。これまでより守備範囲は広くなりますが、最初に生産管理部に配属されたときも、その範囲の広さに戸惑っていたことを思い出します。それと同じだと思い、多くを学びたいと思っています。今まで、ありがとうございました。

　集まった全員から大きな拍手が沸き上がりました。その拍手の音の中で、佐藤くんは鈴木さんと初めて会った日のことを思い出していました。その日以来、鈴木さんから多くのことを学んできました。そして頼りにしてきました。しかし、明日からは鈴木さんはいません。これからは、周りのメンバーと協力して自分でも生産管理部を前進させていかなければならない。その不安は、鈴木さんと初めて会った日の気持ちと重なります。でも、今は想いを同じくする仲間がいる。現場で、そして工場で働く一人ひとりがムダを省き、持てる能力を最大限発揮する道を探る。そんな現場・職場をつくっていきたい。その想いは、まさに鈴木さんから学んだことでした。

　あとはよろしく頼むね！

　はっと気がつくと、佐藤くんの目の前に鈴木さんの右手が。

　工場のことは心配しなくて大丈夫です。本社で力いっぱい仕事をしてきてください。

　前回は無言で握り返した鈴木さんの右手を再び握り返しながら、今度はしっかり自分の想いを伝えることができました。

第3章

IEを実践するために
知っておくべき
基礎知識

第3章では、第2章で取り上げた現状を分析する手法と、知っておくべき基本用語について解説する。

分析手法については、まず各手法について「分析手法の目的」と「改善の着眼点」をまとめ、次に「使い方」として、分析手順について具体例を挙げながら解説している。基本用語については、用語の定義とそれに関する周辺知識を、実際の現場の課題も含めてまとめている。

少し難しく感じるかもしれないが、IErなら知っておきたい基本なので、実務で使う場合の参考にして欲しい。

3-1　現状を分析する ための手法		3-2　基本用語	
1	動作研究	1	動作経済の原則
2	時間研究	2	ECRSの原則
3	稼働分析	3	リードタイム
4	工程分析	4	標準時間
5	MMチャート	5	段取り改善
6	ラインバランシング	6	プッシュ生産・プル生産
7	流れ線図		
8	運搬活性分析		
9	DI分析		
10	VSM		
11	流動数分析		

　第2章と第3章3-1の分析手法との関係性は、以下の図のようにマッピングできる。

　縦軸は、分析対象となる現場の広さを階層的に4つのレイヤーで表している。そして横軸は、分析単位を「細かく分析」から「粗く分析」まで時間軸で表している。

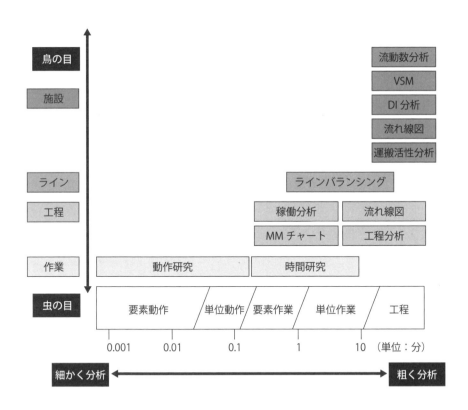

❶ 動作研究 (motion study)

❖ 分析手法の目的

　動作研究とは、「作業者が行うすべての動作を調査・分析し、最適な作業方法を求めるための手法の体系（JIS Z8141：5206）のことである。工程全体の視点で見る工程分析、稼働分析に対して、動作研究では作業者の動作に着目をし、ムダの少ない、効率的かつ作業者に疲労の少ない動作を追求することを目的としている。

❖ 改善の着眼点

　動作研究は、F. B. ギルブレスが創始した手法である。動作研究を進める上で重要な視点が、モーション・マインドである。モーション・マインド（motion mind）とは、作業方法または動作方法についてその問題点が判断でき、より能率的な方法を探求し続ける心構え（JIS Z8141：5303）のことである。動作研究では、一連の作業を動作の単位で分析を行うこととなるため、少しのムダも見逃さないというモーション・マインドの感性を養うことが重要となる。また、動作の良否を判断する指標としては、動作経済の原則（第3章3-2❶）を適用することも重要である。

　なお、動作研究はミクロな観点での分析となる。要素動作、単位動作といった小さな単位でのムダを抽出してこれを改善することとなる（図3-1-1）。

❖ 使い方

　ここでは、サーブリッグ分析の使い方について説明を行う。ギルブレスは「人間の動作を構成する18の基本要素」として、自身の名前の逆のつづりを用いて、サーブリッグ（Therblig）とこれを名づけ、記号を用いてまとめた。

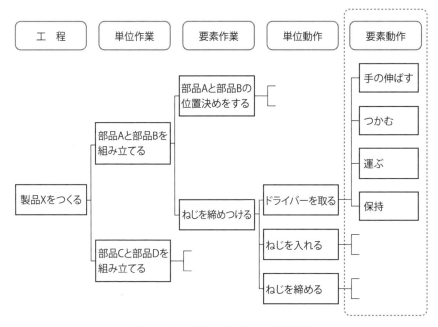

図3-1-1　工程（作業）の階層構造

サーブリッグ記号は、**表3-1-1**に示す通りである。

　サーブリッグ記号は18の要素動作を、さらに3つに分類している。各分類の内容は、以下の通りである。

第一類：動作の基本をなすもので、仕事そのものとハンドリング（モノの取り扱い）からなる。この中で、価値を生む要素は「組立」「分解」「使う」だけである。

第二類：動作を遅れさせるもので、治工具の置き方・使い方や材料の置き方に問題があり、発生する要素である。

第三類：仕事が進んでいない状態を指し、作業動作のバランス（特に両手）が悪いためや、前後工程とのつながりが悪いために発生する。

サーブリッグ分析では、**表3-1-2**を用いて動作の分析を行う。

表3-1-1　サーブリッグ記号

分類	名称	略字	記号	分類	名称	略字	記号
第一類	①空手	TE（transport empty）		第二類	⑨位置を正す	P（position）	
	②つかむ	G（grasp）			⑩探す	SH（search）	
	③運ぶ	TL（transport loaded）			⑪見出す	F（find）	
	④組立	A（assemble）			⑫選ぶ	ST（select）	
	⑤分解	DA（disassemble）			⑬考える	PN（plan）	
	⑥使う	U（use）			⑭用意	PP（pre-position）	
	⑦手を放す	RL（release load）		第三類	⑮保持	H（hold）	
	⑧調べる	I（inspect）			⑯避け得ない遅れ	UD（unavoidable delay）	
					⑰避け得る遅れ	AD（avoidable delay）	
					⑱休む	R（rest）	

　サーブリッグ分析表で動作を見える化した後、先ほどの第一類、第二類、第三類の分類に従って改善案の検討を行う。

❖ 使用例

　実際に、ある工程の動作を分析した結果、**表3-1-3**の通りとなった。

　サーブリッグ分析では、まずは第三類に着目をし、その動作をなくせないかを検討をする。この動作では、左手に「手待ち」（No.1〜5）が生じている。また、その後、「持ったまま」（No.8）も生じている。何か別の動作ができないか、また受け治具などを活用することにより、これらのムダをなくすことが可能である。

　次に着目するのは、第二類である。第二類は第一類の動作を遅れさせるものである。例えば、部品Bを探す（No.8）の動作がある。これは決められた位置に配置することにより、排除が可能であろう。また、「見出す」（No.9）の動作についても定位置化をし、必ず手を伸ばせばその場所にあるとすると、見出す

表3-1-2　サーブリッグ分析表

No.	左手の動作	サーブリッグ記号		右手の動作	No.
		左手	右手		
1					1
2					2
3					3
4					4
5					5
6					6
7					7

表3-1-3　サーブリッグ分析表（使用例）

No.	左手の動作	サーブリッグ記号		右手の動作	No.
		左手	右手		
1	手待ち	UD	TE	部品箱に手を伸ばす	1
2			SH	部品Aを探す	2
3			F	部品Aを見出す	3
4			G	部品Aをつかむ	4
5			TL	部品Aを作業台へ運ぶ	5
6	部品Aに手を伸ばす	TE	RL	部品Aを作業台へ置く	6
7	部品Aをつかむ	G	TE	部品箱に手を伸ばす	7
8	部品Aを持ったままでいる	H	SH	部品Bを探す	8
9			F	部品Bを見出す	9

必要もなくなり、ただちにつかむことができるようになるであろう。

　最後に残った第一類の動作について検討を行う。第一類の動作は基本的に付加価値を生むものであるが、できるだけ少ない動作の数にできないかを考える必要がある。具体的な改善案の検討には、動作経済の原則（第3章3-2**1**）の視点を用いることが有効である。

【参考文献】
・実践経営研究会「IE7つ道具」日刊工業新聞社（1993年）

❷ 時間研究 (time study)

❖ 分析手法の目的

　時間研究は、作業を要素作業または単位作業に分割し、その分割した作業を遂行するのに要する時間を測定する手法（JIS Z8141：5204）である。人の作業を時間という尺度に置き換えて、作業改善や標準時間設定などを行うことを目的としている。

　生産性向上を目的に、工程、作業、動作の改善を実現したとしても、時間を測定しないと正確な改善効果を把握することはできない。また、工程、作業、動作の改善効果を標準時間として管理資料に反映することができなければ、リードタイムや工数の見積りに使えず、改善前と変わらない日程計画および工数計画となり、顧客の要求納期に応えることにつながらない可能性がある。時間研究により、改善の効果を定量的に示すことができ、現場における効果だけでなく、サプライチェーン全体に対する効果を明確にすることができる。

❖ 改善の着眼点

　対象作業について、要素作業ごとに作業時間のバラツキを把握する。さらに、作業時間のバラツキが大きい要素作業に対して動作研究（第3章3-1❶）を用いることにより、動作改善につながる。

❖ 使い方

　時間研究の具体的な使い方を以下に示す。
1. 対象作業者の選定
2. 対象作業を単位作業または要素作業単位に分割
3. 測定および集計（表3-1-4）

表3-1-4　分析単位と分析手法の関係

区分	工程	単位作業	要素作業	単位動作	要素動作
分析手法	工程分析	時間研究		動作研究	
観測方法	ヒアリング・目視	普通の時計	ストップウォッチ	カメラ・目視	

出典：並木高矣、倉持茂「作業研究」日刊工業新聞社（1970年）

4.　バラツキの大きい要素作業の考察

5.　正味時間の設定

　はじめに、時間研究の対象となる人を決める。例えば、作業時間を安定させるヒントをつかむ目的で、作業時間のバラツキが大きい作業者を選定する。または、標準時間を設定するために作業に慣れている（習熟している）作業者から選定するなどの場合がある。ここでは作業改善を目的とした場合とする。

　次に対象作業者の作業について、単位作業または要素作業単位に分割する。どちらの単位に分割するかは、一般的に繰り返し性が低い作業については単位作業、高い作業については要素作業となる。ここでは要素作業単位に分割する。

　次に対象作業の分割の切れ目を測定ポイントとして、作業時間を測定する。測定ポイントとは、時刻を読み取るときに現れる対象作業者の動作である（図3-1-2）。測定器具についてはデシマル単位のストップウォッチ（149ページコラム参照）が多く用いられる。

　測定方法は、ストップウォッチを止めずに時刻を読み取る継続法が採用されることが多い。表3-1-5のようなあらかじめ要素作業を記入した用紙を用意しておき、作業者が10サイクルの作業を実施し、測定ポイントでストップウォッチより読み取った時刻を「観測時刻」欄に記入する。10サイクルの測定が終了したら、各要素作業ごとに読み取った「観測時刻」から1つ前の要素作業の「観測時刻」を引き算し、「作業時間」を求めていく。次に「作業時間」に焦点を当て、要素作業ごとに最大、最小、合計、回数、平均を求める。なお、「作業時間」が明らかに大きい場合は、その原因を確認してデータから外すなどの処理をする。

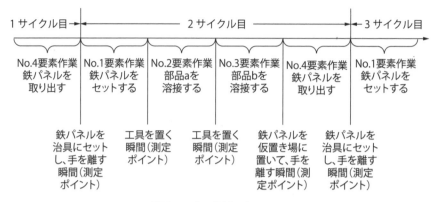

図3-1-2　測定ポイント

表3-1-5　ストップウォッチ法による時間測定と集計（単位：DM）

No.	要素作業		1	2	3	4	5	6	7	8	9	10	最大／最小	合計／回数	平均
1	鉄パネルを セットする	作業 時間	12	13	14	12	12	11	11	11	12	12	14	120	12.0
		観測 時刻	12	61	109	158	204	254	301	347	395	445	11	10	
2	部品aを 溶接する	作業 時間	15	15	15	16	14	15	14	16	16	14	16	150	15.0
		観測 時刻	27	76	124	174	218	269	315	363	411	459	14	10	
3	部品bを 溶接する	作業 時間	15	13	17	12	19	15	15	14	16	14	19	150	15.0
		観測 時刻	42	89	141	186	237	284	330	377	427	473	12	10	
4	鉄パネルを 取り出す	作業 時間	6	6	5	6	6	6	6	6	6	7	7	60	6.0
		観測 時刻	48	95	146	192	243	290	336	383	433	480	5	10	

　要素作業ごとに最大と最小に着目し、その差が大きい場合はバラツキの大きい作業ということになる。したがって、動作研究（第3章3-1❶）の適用を検討する。動作研究におけるサーブリッグ分析を例に挙げると、対象作業すべてをサーブリッグ記号に変換するのは手間がかかりすぎる。したがって、時間研究との併用により、ある程度バラツキの大きい要素作業をつかんだ上で、サーブリッグ分析の適用を試みると効率的である。

　なお、時間研究における作業時間のバラツキは、サーブリッグ分析における

作業時間の測定に適したストップウォッチとは？

　現場で測定する際に、デシマル単位のストップウォッチを用いると便利である。

　デシマルとは1分を100で割った単位で、1DM＝1/100分である。一般のストップウォッチは時間の計量単位である60進法が採用されていて、経過時間の引き算を行おうとするとやや面倒である。

　しかし、このデシマルウォッチを用いて観測を行うと10進法になるため、単純に引き算することによって各要素作業の時間値を求めることができる。

デシマル単位のストップウォッチ

第二類の動作が影響している場合がある。サーブリッグ分析単体では動作という観点からの改善の糸口の発見となるが、時間研究と併用をすることにより、時間としてバラツキを捉えることが可能となる。

【参考文献】
・並木高矢、倉持茂「作業研究」日刊工業新聞社（1970年）
・実践経営研究会「IE7つ道具」日刊工業新聞社（1993年）

❸ 稼働分析

❖ 分析手法の目的

　稼働分析は、作業者または機械設備の稼働率、もしくは稼働内容の時間構成比率を求める手法（JIS Z8141：5209）である。この結果をもとに、適正な作業者数、機械台数、作業量などの算定に役立てることを目的としている。

❖ 改善の着眼点

　観測された人や設備の稼働内容を以下の3つに層別する。
　　○稼　　働：価値を生じる作業
　　○非稼働：価値を生じない作業
　　○準稼働：価値を生んでいないが、現状のシステムでは必要な作業
特に「非稼働」に分類された稼働内容がまず最初に改善すべき対象となる。

❖ 使い方

　観測対象は、分析の目的に応じて、作業者もしくは機械、あるいはその両者とする。作業者を観測対象とするときには、通常の作業状態となるように事前準備が重要となる。観測中に作業者に質問をすることがないように、作業の手順や方法などを観測前に調査・把握をしておく。

　稼働分析の代表的手法には、連続観測法と瞬間観測法の2種類がある。連続観測法は、作業者や機械の稼働状態を長時間にわたって連続的に調査・分析する手法で、瞬間観測法は、作業者や機械の稼働状態をあらかじめ定めた行動分類に従い、瞬間的に観測された行動の度数によって調査・分析する手法である。瞬間観測法の代表的手法として、確率・統計理論に基づいて観測回数と観測時刻を決めて観測を行い、観測項目の時間構成を推測するワークサンプリン

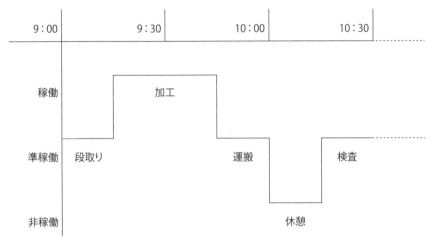

図3-1-3　連続稼働分析の記入例

グ法がある。

　長時間観測し続けなければならない連続観測法と比べ、あらかじめ定められた時点のみで観測を行えばよいワークサンプリングは、観測者の疲労感が少なく、観測結果を整理しやすい、観測費用が安い、被験者側への配慮も行いやすいなど数多くのメリットがある。

　一方で、ワークサンプリングが不適切な場合もあるため注意しておかなければならない。例えば、仕事の順序を確認することができない、作業者が作業速度を下げてゆっくりと作業を行っている場合でもその問題を発見しにくく、あるべき姿の観測とはならないことが起こり得る。このようなことを含めて確認したい場合には、時間と費用をかけてでも連続観測法を使用することが推奨される。

　以下に、連続観測法である「連続稼働分析」と瞬間観測法である「ワークサンプリング」の概略を説明する。

〈連続稼働分析〉

1. 観測対象期間の決定

　一般的には、始業から終業までの一日を単位として、数日間連続して観測する。

表3-1-6　連続稼働分析の結果まとめ

	時間	割合	小計	区分
切削	30	8.8%		
穴あけ	25	7.4%		
溶接	20	5.9%	29.4%	稼働
研磨	15	4.4%		
組立	10	2.9%		
運搬	50	14.7%		
数量検査	20	5.9%		
品質検査	15	4.4%	26.5%	準稼働
洗浄	5	1.5%		
手待ち	150	44.1%	44.1%	非稼働
計	340	100.0%	100.0%	

2. 連続観測法を実施

　ストップウォッチなどで時間経過を確認しながら、各作業内容の開始時点と終了時点を観測用紙に記録していく。**図3-1-3**に例を示す。

3. 観測結果の整理と分析

　作業者や機械の稼働率や稼働内容の時間構成比率を求め、適正な作業者数、機械台数、作業量などの算定を行う。**表3-1-6**に例を示す。

〈ワークサンプリング〉

1. 観測対象期間の決定

　予備観測の結果や許容誤差などの観点から求めた必要サンプル数分の観測を行う。

2. 瞬間観測法を実施

　観測間隔によって次の2種類の方法がある。

(1) ランダムサンプリング

　観測対象の作業が周期的である場合は、無作為に観測時点を設定することが

表3-1-7　ワークサンプリングの観測用紙

区分	作業	観測結果	観測数	割合
稼働	切削	正正正正正正	30	8.8%
	穴あけ	正正正正正	25	7.4%
	溶接	正正正正	20	5.9%
	研磨	正正正	15	4.4%
	組立	正正	10	2.9%
準稼働	運搬	正正正正正正正正正正	50	14.7%
	数量検査	正正正正	20	5.9%
	品質検査	正正正	15	4.4%
	洗浄	正	5	1.5%
非稼働	手待ち	正正正正正正正正正正正正正正正正正正正正正正正正正正正正正正	150	44.1%
		計	340	

必要となる。

(2) 等間隔サンプリング

　観測対象の作業が非周期的である場合は、観測時点を等間隔に設定しても問題ない。

3. 観測結果の整理と分析

　作業者や機械の稼働率や稼働内容の時間構成比率を求め、適正な作業者数、機械台数、作業量などの算定を行う。一例を表3-1-7に掲げる。

　稼働分析を行った結果として、非稼働率、準稼働率が高い場合には、それらの割合を下げるような改善を行う必要がある。具体的には、パレート分析を実施して改善対象作業の絞り込み、特性要因図を作業者、機械、材料などの観点から描くことによって改善の糸口をつかむことが一般的に行われている。

【参考文献】

・藤田彰久「新版IEの基礎」建帛社（1978年）

❹ 工程分析

❖ 分析手法の目的

工程分析は、生産対象物が製品になる過程、作業者の作業活動および運搬過程を、対象に適合した図記号で表して系統的に調査・分析する手法（JIS Z8141：5201）である。モノがつくられるときの「活動の種類」と「つながり」を明確にすることにより、「モノがつくられるプロセス」の全体像を明確にし、その中にムダがないかどうか検討することを目的としている。

製品（モノ）を対象とした分析を製品工程分析、作業者（人）を対象とした分析を作業者工程分析と呼び、分析の対象の違いを表している（図3-1-4）。なお、第2章で掲載されている各種工程図は、製品工程分析の結果である。ここでは両方の工程分析について解説する。

「工程」という用語は、使う状況および文脈により示す領域が異なる。例えば、第2章で紹介した図2-2-3のように、「場所＝工程」という意味合いで使用されることもあれば、1つの場所で多数の加工が施されるときに、1つひとつ

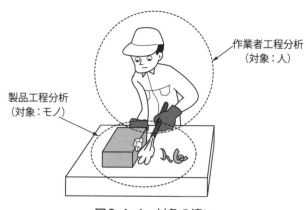

図3-1-4　対象の違い

の加工を「工程」として表現される場合もある。

①製品工程分析

❖ 改善の着眼点

　製品工程分析は、モノの流れを**図3-1-5**に示す工程図記号により把握する。そして、各記号の具体的な内容を調査することで、工場および職場の特徴をつかみ、モノの流れの改善に貢献する。

❖ 使い方

　製品工程分析の具体的な使い方を以下に示す（JIS Z8206）。

1. 対象製品（モノ）の選定
2. 現場にて、製品（モノ）の流れを工程図記号に表す。
3. 工程図をもとに考察

記号	記号の名称	意味
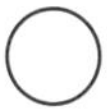 ○	加工	原料、材料、部品または製品の形状、性質に変化を与える過程を表す
 ⇨	運搬	原料、材料、部品または製品の位置に変化を与える過程を表す
 ▽	貯蔵	原料、材料、部品または製品を計画により貯えている過程を表す
 D	滞留	原料、材料、部品または製品が計画に反して滞っている状態を表す
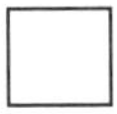 □	数量検査	原料、材料、部品または製品の量もしくは個数を測って、その結果を基準と比較して差異を知る過程を表す
 ◇	品質検査	原料、材料、部品または製品の品質特性を試験し、その結果を基準と比較してロットの合格、不合格または個品の良、不良を判定する過程を表す

図3-1-5　工程図記号（製品工程分析）

出典：JIS Z 8206「JISハンドブック57品質管理2018」日本規格協会（2018年）

はじめに、製品工程分析の対象となるモノを決める。例えば、主力製品や製造リードタイムの長い製品が対象となる。次に、対象製品が工場内に入庫されてから出庫されるまでどのような変化を受けるのかを、実際に目で追いながら記号化する。

図3-1-5を用いた記号の捉え方は顧客価値との関係で決まるため業種により異なるが、製造業においては顧客価値に影響する記号はモノの価値形成を表す「加工（○）」となり、企業の固有技術が発揮される場所となる。この記号以外、例えば、「貯蔵（▽）」や「運搬（⇨）」は価値形成に直接関与しないため、改善の着眼点になり得る。

対象製品を中心に現場を見ることは、今まで顕在化されていない新たな気づきを得ることにつながる。また、記号化に際して迷いが生じることもある。例えば、貯蔵と滞留の記号は、計画的かどうかで区分けをする。したがって、現場にモノが置かれていた場合、量や使用時期が事前に決定されているかどうかを確認し、記号化する必要がある。以上のことから、製品工程分析を実施する過程で、現場をより詳しく把握することが可能となる。

図3-1-6は、ある工場における製品工程分析の結果である。上から下への流れは時系列の変化を表し、素材や部品が加工などの変化を受け、製品となる過程が記号で示されている。まず、記号による考察を行う。最も大切な価値を付加する活動である「○」の記号が4カ所ある。この記号の箇所については、QC手法による品質の維持向上と、IE手法による生産性の向上を継続的に実施する必要がある。それ以外の記号については顧客に対して直接関係しないため、発生の理由を的確に把握し、改善可能な箇所についてはECRSの原則（第3章3-2**2**）などを用いる。

発生の理由については、例えば、建屋の都合上どうしても昇降機を設置する必要があり、そのため昇降機の前後で停滞が発生するなど、企業側の都合である場合が多い。また同じ▽記号でも、理由が生産形態の違いによる貯蔵、職場間の移動による貯蔵、敷地面積による貯蔵、管理部門からの情報待ちなどさまざまである。したがって、すぐに改善を念頭に置くのではなく、まずは記号が現れる理由を明らかにし、現場を理解することが大切である。

なお、ここでは製品工程分析の対象が製品（モノ）であるが、総務、経理、

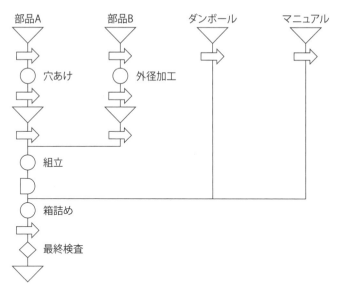

図3-1-6　製品工程分析結果

人事などの間接部門においては対象が「情報」となる。例えば、PCなどで情報を処理しているときは「○」、メールなどでデータを送受信するときは「⇨」、サーバにデータが保存されているときは「▽」となる。

　次に、記号と記号とのつながりに着目する。製品工程分析はモノを中心に記述をしているので、人的に築かれた職場の枠にとらわれない。工程図における最下部の記号の下は顧客となるため、下から遡るように記号を見ることにより、前後の工程のあり方を考えることができる。
　「後工程での加工がしやすいようにモノを供給する」という後工程は、お客様の発想につながる。職場においては組織によって無意識に隔たれた空間は多く、いったん枠ができると枠の内外となり、自身の担当工程あるいは自身の担当職場以外、どのような加工や検査が実施されているか知らない場合も少なくない。工場内で工程図を共有することにより、前後の職場および工程においての関係性の向上を図ることができる。

❖ 改善の着眼点

　作業者工程分析は、人を中心に業務の流れについて、**図3-1-7**に示す工程図記号を通して把握する。さらに、各記号に対してECRSの原則（第3章3-2**2**）を用いることにより、現状の業務を根本から見直すことにつながる。

❖ 使い方

　作業者工程分析の具体的な使い方を以下に示す。

1. 対象作業者（人）の選定
2. 現場にて、作業者（人）の業務の流れを工程図記号に表す
3. 工程図をもとに考察

　はじめに、作業者工程分析の対象となる人を決める。次に、対象作業者がどのように業務を遂行しているかを、実際に目で追いながら図3-1-7を用いて記号化する。

　図3-1-8は、ある作業者における作業者工程分析の結果である。距離、時間、回数などを付記し、考察につなげやすい工夫を凝らしている。

　使用する記号については製品工程分析と比べると特に、「○（作業）」（製品工程分析では「加工」）記号の解釈に違いがある。製品工程分析では品質を形成する加工であるため、ECRSのEの対象とはならないが、作業者工程分析ではあくまで作業という意味であるので、その作業の必要性から問うこととなる。

　したがって、ECRSのEの対象ともなり得る。作業者工程分析とECRSの併用は、作業者の作業の見直しに効果を発揮する。

【参考文献】
・日本規格協会「JISハンドブック57品質管理2018」日本規格協会（2018年）
・池永謹一「現場のIE手法」日科技連出版社（1971年）
・千住鎮雄、佐久間章行、矢田博、川瀬武志、中村善太郎「作業研究」日本規格協会（1980年）

記号	記号の名称	意味
◯	作業	対象物に物理的または化学的変化を加えたり、他のものと組み立てたり、分解したりする行為 ※加工、移動、検査のための整理準備などの操作も含む
⇨	移動	作業者が対象物をある場所から他の場所へ運搬したり、何も持たずに移動したりする行為 ※約1m以内にある対象物の取扱いは操作として作業の一部と考える
▽	手待ち	材料待ち、運搬具の到着待ち、自動加工中の加工終了待ちなど作業者が待っている状態 ※計画的な手待ちと計画に反した手待ちを区別する場合は、図3-1-5の区分けと同様とする。
☐	検査	数量または品質を調べたり、基準と照合して判定する行為 ※数量検査と品質検査を区別する場合は、図3-1-5の区分けと同様とする。

図3-1-7　工程図記号（作業者工程分析）

出典：池永謹一「現場のIE手法」日科技連出版社（1971年）

工程分析表		工順	×××	部番	×××ー××

順序	工程名または場所	距離(m)	時間(分)	◯	☐	⇨	▽
1	完成品到着待ち		3				●
2	完成品を取る		0.2	●			
3	検査台に行く	5	0.5			●	
4	検査台に置く		0.2	●			
5	ビニールを取り、サンプルをつくる		1.5	●			
6	スクラップ入れにスクラップを投げ入れる		0.1	●			
7	マイクロメーターで外径を測定する		0.5	●			
8	検査済製品棚に行く	5	0.5			●	
9	製品を置く		0.1	●			
	合計	10	6.6	5回 2.1分	1回 0.5分	2回 1.0分	1回 3分

図3-1-8　作業者工程分析結果

出典：千住鎮雄、川瀬武志、佐久間章行、中村善太郎、矢田博「作業研究」日本規格協会（1980年）

5 MMチャート（マン・マシン・チャート）

❖ 分析手法の目的

　人と機械、2人以上の人など、複数で共同作業および単独作業を相互に行うときの作業効率を高める手法として、連合作業分析がある。さらに分析の対象として、人と機械の組み合わせを扱う場合に人・機械分析、2人以上の人の組み合わせを扱う場合に組作業分析と呼ばれる。MMチャート（Man-Machine chart）は、主に人・機械分析において、人と機械の作業の時間的相互関連が明確になるように同時に観測を行うことにより、手待ちの真の原因を明らかにするなどの目的で用いられる。

❖ 改善の着眼点

　一般的な機械作業の特徴として、例えば、人が機械に対して品物を取りつけて加工開始ボタンを押すと、機械は一定時間自動で加工を行う。その間、人は手が空いた状態となるため、別の作業を行うことが可能となる。以上のように人と機械の作業は、品物の取りつけ・取り外しなど人と機械が共同で作業をしている部分（連合作業）、別々の作業をしている部分（単独作業）、手待ちおよび機械停止部分（不稼働）の3つに分かれる。MMチャートは人と機械の作業に対してこの区分を明確にし、最適な作業の組み合わせの考案に活用される。

❖ 使い方

　MMチャートの作成の手順を以下に示す。
1. 対象作業者および機械の選定
2. MMチャート作成
3. 現状の作業および作業編成の考察

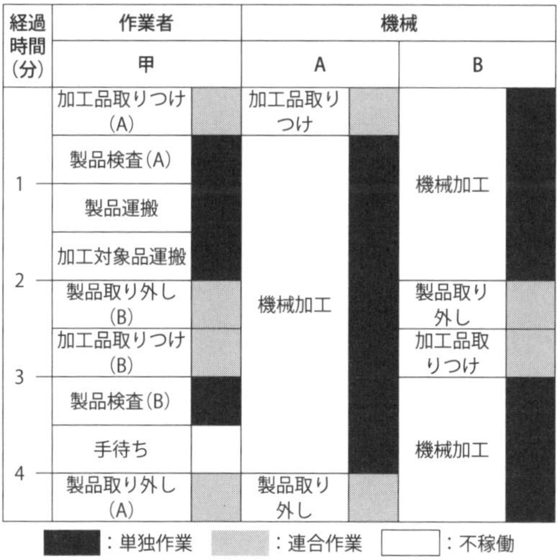

経過時間(分)	作業者 甲	機械 A	機械 B
1	加工品取りつけ(A)	加工品取りつけ	機械加工
	製品検査(A)		
	製品運搬		
2	加工対象品運搬	機械加工	
	製品取り外し(B)		製品取り外し
3	加工品取りつけ		加工品取りつけ
	製品検査(B)		
4	手待ち		機械加工
	製品取り外し(A)	製品取り外し	

■ ：単独作業　　▨ ：連合作業　　□ ：不稼働

図3-1-9　MMチャート

はじめに、MMチャートの対象となる作業者と機械を決める。ここでは、1人の作業者が性能の同じ2台の機械を担当する多台持ちの職場を対象とする。次に1サイクル分の作業を観察し、作業時間を測定しながら、**図3-1-9**のようなMMチャートを作成する。

時間経過は上から下に向かい繰り返されるため、1サイクル4.5分である。まずは人と機械、どちらを軸に作業の組み合わせを考えるかを決める。製造業では、価値を付加する主体を軸にするので、本例の場合は機械となる。したがって、機械の待ちをなくすことを最優先に、作業の組み合わせを考える必要がある。

次に、作業者に着目して時間研究と動作分析を用い、作業時間の短縮およびバラツキ低減を実施する。改善は人と機械の双方に影響するため、改善後は再度MMチャートを作成して確認をする。最後に機械作業においては、技術部門や品質保証部門とともに時間短縮に努める。

【参考文献】

・木内正光「生産現場構築のための生産管理と品質管理」日本規格協会（2015年）

⑥ ラインバランシング

❖ 分析手法の目的

　1つの製品または部品が出来上がるまでの工程を分割して、複数の作業ステーション（作業工程）に割りつけて1つの流れをつくって生産するライン生産方式では、作業の「単純化（simplification）・標準化（standardization）・専門化（specialization）」という3Sが図られ、生産効率の向上が期待される。具体的には、すべてを1人で担当するのではなく一部を担当することにより、部品点数が少なくなったり（単純化）、限られた部品を整理・整頓し、作業方法や作業条件を定めたり（標準化）、そしてその限られた作業内容について集中して能力を高める（専門化）ことになる。

　一方で、分割された各作業ステーション（作業工程）における作業時間のバラツキにより、作業者の手待ちや仕掛品の発生が生じる。これらを解消することを目的とした手法がラインバランシングである。

❖ 改善の着眼点

　ラインバランシングとは、「生産ラインの各作業ステーションに割りつける作業量を均等化する方法」（JIS Z8141:3403）とされ、ライン・バランス分析ともいう。ここでの着眼点は、各作業ステーション（作業工程）の作業時間のバラツキで発生しているムダの排除となる。その対象として、①製品1個当たりの生産時間を短縮する、②生産量の変動に伴うライン適正人員を決定する、③新規のラインを編成する、という問題がある。ラインバランシングでは指標となる編成効率の向上が目的となりがちだが、編成効率を向上しつつ、作業ステーション（作業工程）数の削減もあわせて実行することが重要となる。

〈ラインバランシングに関する基本用語：目標サイクルタイム〉

　ライン生産方式の各作業ステーションにおいて、品物1個の作業を完了する時間を表し、ラインの生産速度（時間当たりの生産数量）の逆数と等しい。タクトタイムとも呼ばれる。目標サイクルタイムは、以下の式で求められる。

$$目標サイクルタイム = \frac{1日の実質稼働時間}{その日の必要生産数}$$

〈ラインバランシングに関する基本用語：最小作業ステーション数〉

　対象とする品物を1つつくるのに要する総所要時間に対して、目標サイクルタイムを実現するためには以下の式で求められる作業ステーション数が最小限必要で、これを最小作業ステーション数という。

$$最小作業ステーション数 = \frac{総所要時間}{目標サイクルタイム}$$

❖ 使い方

　ラインバランシングでは、まず目的・対象を決め、対象となったラインの各作業ステーション（作業工程）の所要時間の測定を行う。測定された所要時間をまとめ、それを、**図3-1-10**に示すピッチ・ダイヤグラムにまとめる。
　ピッチ・ダイヤグラムの例を**図3-1-11**に示す。

　このとき、作業ステーション番号2が最も長い所要時間となっていることから、作業ステーション番号2が**ボトルネック工程**となり、このラインのサイクルタイムは40となる。このように各作業ステーションの所要時間にバラツキが生じることにより、作業ステーション番号2の前には仕掛り（停滞）が生じる。作業ステーション番号1でいくらつくっても、作業ステーション番号2が着手できないからである。一方、作業ステーション番号3では、作業ステーション番号2の所要時間が長くなっており、作業が終わっても次の仕事がこないため、作業ステーション番号2が完了するまで手待ちが発生する。ラインバランシングでは、このような停滞や手待ちを解消することが狙いとなる。

図3-1-10　ピッチ・ダイヤグラム

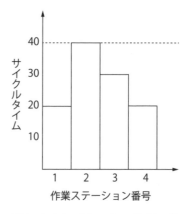

図3-1-11　ピッチ・ダイヤ
グラムの例

ピッチ・ダイヤグラムを作成することにより各作業ステーション間のバランスの見える化が行われるが、これを客観値で表現したものが**作業編成効率**、**バランス・ロス率**であり、算式は以下の通りとなる。

$$作業編成効率(\%)=\frac{すべての作業ステーションの所要時間の合計}{(サイクルタイム(ボトルネック工程の所要時間)×作業ステーション数)}×100$$

$$バランス・ロス率（\%）=100-作業編成効率$$

以上の分析結果に基づき、改善案の検討を行う。改善案の検討の際には、各工程の作業について**ECRSの原則**（第3章3-2**2**）、また動作については**動作経済の原則**（第3章3-2**1**）で着眼しながら検討を進める。工程の作業を前工程、後工程に振り分けるなどして工程編成を見直すことから、「**山積み・山崩し**」という表現もされる。

❖ **使い方**

実際にラインバランシングを行った結果のピッチ・ダイヤグラムを図3-1-12に示す。

このとき、4番目の工程「配線処理」が最も所要時間が長い工程（ネック工程）となっているので、サイクルタイムは102となる。このときの**作業編成効**

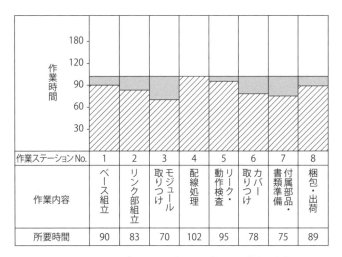

図3-1-12　ピッチ・ダイヤグラム（使用例）

率、バランス・ロス率を計算すると、以下となる。

$$作業編成効率 = \frac{90+83+70+102+95+78+75+89}{102 \times 8} \times 100 = 83.6\%$$

$$バランス・ロス率 = 100 - 83.6 = 16.4\%$$

　以上より、目標に近づけるために作業編成を見直す、また各作業ステーションでのムダの削減を進める。ここでは、さらに目標サイクルタイムを示し、検討を行うことが必要である。ラインバランシングでは、作業編成効率を向上することが目的ではなく、目標に対して作業編成効率を向上し、かつ作業の統合による工程数の削減、**最小作業ステーション数**に実際の作業ステーション数を近づけるような検討を進めることが重要となる。

　現状の作業時間の測定では、実測値とともに理論値との比較も必要である。工程のアンバランスは工程間に仕掛品を発生させ、手待ちが生じる。後工程が遅いと、作業者は後工程の作業に合わせてゆっくりと作業をする。また前工程が遅いと、後工程は前工程に合わせてゆっくりと作業をする。そのことにより、各工程には仕掛品もなく、かつ手待ちも発生しないという状況が生まれる。これでは問題解決にならない。現場をよく見る必要性が、ここにある。

【参考文献】

・実践経営研究会「IE7つ道具」日刊工業新聞社（1993年）

7 流れ線図

❖ 分析手法の目的

　工場全体のレイアウト図に、作業者またはモノの移動経路を線図で表すことにより、どこで何が行われているかが明確となり、移動の存在を視覚的に捉えることができる。その結果からムダな運搬や混雑する地点に着目し、レイアウトを改善することを目的とする。

❖ 改善の着眼点

　工程間の運搬を示す線が長いところや線が交差する地点、多くの線が重なるところは改善の着眼点となる。全体の線が一直線になることが望ましいとされている。

❖ 使い方

　一言で説明すれば、工程分析結果をレイアウト図上に投影することである。具体的には以下の手順となる。
1. 工場のレイアウト図を準備する
2. 分析対象（作業者または物）の移動経路を線図で示す
3. 線図の各地点に工程分析記号を付記する。ただし、線図が運搬そのものを示すため、運搬の工程分析記号の付記は省略する

❖ 使用例

　流れ線図の使用例を**図3-1-13**に示す。
　ベルトコンベアの使用方向や検査工程のレイアウトの違いにより、改善の前

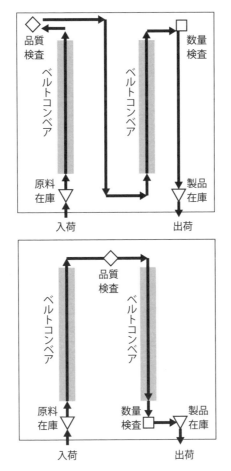

➡️ は運搬を示すので、運搬を示す工程分析記号を省略する

図3-1-13　流れ線図（上：改善前、下：改善後）

後でモノの流れが大きく異なることが一目でわかる。

【参考文献】
・藤田彰久「新版IEの基礎」建帛社（1997年）

8 運搬活性分析

❖ 分析手法の目的

運搬とは、「モノを1つの場所から他の場所へ移動するための行為」(JIS Z8141:1118)である。その活動を効率的に実施するために、対象物の移動のしやすさに着目をして分析を行うのが運搬活性分析である。

❖ 改善の着眼点

運搬活性示数とは、対象物の移動のしやすさ（運び出しやすさ、動かしやすさ）を表す運搬活性の程度を示す数のことで、単に「活性示数」ともいう。この運搬活性示数を用いて運搬の状況を分析するものが、運搬活性分析である。運搬活性分析は、対象品の置き方や適否を系統的に調べる方法であり、単に「活性分析」ともいう。

運搬活性示数は、具体的に表3-1-8のように対象品の置かれている状況に応じて示される。

❖ 使い方

運搬活性示数で品物の活性の状況を示すことができたのであれば、これを用いて分析を行う。運搬活性示数分析には、平均活性示数分析と活性図表分析の2つがある。

〈平均活性示数分析〉

平均活性示数分析は、モノの流れ全般について活性示数を求め、その平均値を用いて運搬の状態を判断する分析である。平均活性示数の式は、以下の通りとなる。

表3-1-8　運搬活性示数

状態	手間の説明	手間の種類				活性示数
		まとめる	起こす	持ち上げる	持っていく	
バラ置き	まとめて→起こして→持ち上げて→持っていく	○	○	○	○	0
箱入り	起こして→持ち上げて→持っていく	×	○	○	○	1
枕つき	持ち上げて→持っていく	×	×	○	○	2
車上	持っていく	×	×	×	○	3
移動中	不要	×	×	×	×	4

表3-1-9　平均活性示数による全般的な運搬系列の把握

平均活性示数	現在の運搬に関する状況と今後の基本方針
0.5未満	全般的にバラ置きが多いため、手扱いが多いことがいえる。容器、パレットなどの活用が全体的な指針となる
0.5以上、1.3未満	手押し車もある程度使われているが、手扱いも多いことがいえる。手押し車の徹底、動力運搬車の活用が全体的な指針となる
1.3以上、2.3未満	バラ置きが少なく、パレットなどの利用が多いことがいえる。リフトトラックやコンベヤの利用が全体的な指針となる
2.3以上	車置きのものが相当に多いことがいえる。トレーラー列車方式の徹底などが全体的な指針となる

$$平均活性示数 = \frac{停滞工程の活性示数の合計}{停滞工程数}$$

求められた平均活性数の大きさに応じて、対応を**表3-1-9**にまとめる。

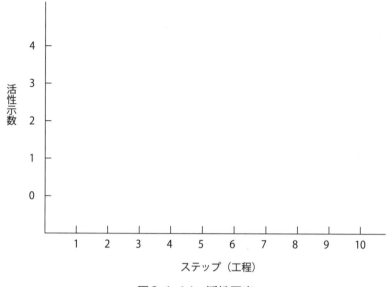

図3-1-14　活性図表

〈活性図表分析〉

　活性図表分析は、活性示数の上がり下がりを工程順に並べた図表を作成し、どこが悪いかを見つけるのに用いる。具体的には、**図3-1-14**に現状をプロットする。

　活性図表にプロットすることにより、運搬活性示数の低いところが目で見て判断できるため、この部分について改善案の検討を行うこととなる。

❖ 使い方

　例えば、現状の運搬工程の分析を行ったところ、**図3-1-15**が作成された。

　この図より、運搬活性示数が低いステップが多数見受けられる。現状を客観値として評価するために、平均活性示数を計算した。

$$平均活性示数 = \frac{(0+3+4+0+0+0+2+3+4+3)}{10} = 1.9$$

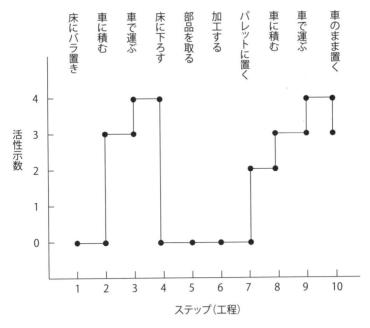

図3-1-15　活性図表の使用例

　この数値を表3-1-9で確認をすると、「バラ置きが少なく、パレットなどの利用が多いことがいえる。リフトトラックやコンベアの利用が全体的な指針となる」との評価となる。この指針に従い、運搬活性の向上の検討を進めることとなるが、活性図表からはバラ置きのステップも見受けられる。これらの改善もあわせて進めることとなるであろう。

【参考文献】
・日本経営工学会「生産管理用語辞典」日本規格協会（2002年）

9 DI分析

❖ 分析手法の目的

現状のレイアウトについて、モノの流れを定量的に可視化することによりレイアウトの問題点を明確にすることができる。

❖ 改善の着眼点

現状のレイアウトにおいて発生している運搬すべてについて、「運搬距離」と「強度（運搬量や運搬回数など）」を調査し、その結果を横軸に距離、縦軸に強度をとってグラフ上にプロットする。その結果、右上にプロットされている運搬が長い距離を頻繁に運搬している、もしくは運搬量が多いものが長い距離運ばれていることが明確となり、改善対象となる。

❖ 使い方

小規模な数値例を用いてDI分析の使い方および使用例を説明する。

DI分析は、所与のレイアウトから算出された工程間の距離（D：Distance）情報と、そのレイアウトで生産される全製品の工程間の運搬強度（I：Intensity）情報を用いて行うレイアウト分析である。

まず、距離情報（D）から説明する。工程間の距離は、実際に台車、フォークリフト、AGV（無人搬送台車）などが走行している工程間距離がわかるのであれば、それをそのまま用いればよい。わからない場合には、レイアウト図から工程間の概算の距離を求めることになる。

ここでは、工程間の相対的位置関係の妥当性を検討することが目的であるため、厳密な距離を求める必要はない。各工程の出口から次の工程の入口までを通路に沿って測った距離でも、各工程の重心間の直線距離や直交距離でも問題

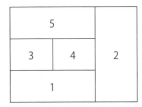 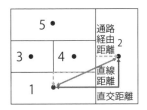

図3-1-16　現状レイアウト（左）、対応した工程間の距離（中央）、距離の測定例（右）

製品	加工経路（工程順序）	運搬頻度
A	1 → 3 → 2 → 5	3
B	1 → 4 → 2 → 5	5
C	1 → 2 → 3 → 5	7

図3-1-17　各製品の加工経路と運搬頻度

はない。

　いずれにしても距離の測り方を決めれば、所与のレイアウトに対して工程間の距離が一意に定まり、図3-1-16（中央）のような工程間の距離を表す距離行列（D）を作成することができる。

　次に、工程間の物流強度情報（I）について説明する。この例では、3種類の製品A・B・Cが、図3-1-17に示す加工経路（工程順序）で生産されているものとする。例えば、製品Aは1日当たり3回（運搬頻度）、工程1、3、2、5の順序で運搬され、各工程にて加工・組立されていくことを意味している。

　図3-1-17において、加工経路（工程順序）を示す「→」が運搬を意味しているので、最初に製品ごとに、この運搬をFrom-toチャートに転記していく。

　例えば、製品Aの最初の→は工程1から工程3へ1日に3回の運搬があることを意味しているので、図3-1-18の最初（上）の表のFrom 1 to 3に「3」と記入する。同様に、次の→は工程3から工程2へ1日に3回の運搬があることを

意味しているので、同表のFrom 3 to 2に「3」と記入する。この手順を製品Cの最後の→である工程3から工程5へ1日7回の運搬があるので、From 3 to 5に「7」を記入するところまで続ける。

　次に、図3-1-18の2番目（中央）の表「全製品の流れ」について説明する。図3-1-18の最初（上）の表のFrom 2 to 5には、「3,5」と書かれているが、これは工程2から工程5へは、製品Aが1日3回、製品Bが1日5回運搬されることを意味しているので、両製品の合計としては3+5＝8回の運搬がなされることになる。このようにして、最初の表で複数の数値の記入があれば、それをすべて加え合わせた結果が2番目の表となる。

　そして、図3-1-18の最後（下）の表「逆行を加味した流れ」について説明する。2番目（中央）の表では、From 2 to 3には「7」、From 3 to 2には「3」と書かれている。ということは、工程2と工程3の間の運搬としては、両方向合わせて7+3＝10回の運搬があることになる。また、工程2と工程4の間についても同様で、From 2 to 4にモノの流れはないが、From 4 to 2には「5」回の運搬がある。ということは、工程2と工程4の間の運搬としては、両方向合わせて0+5＝5回の運搬があることになる。このようにして、対角線の左下のモノの流れを、対角線の右上に合算（逆行を加味）したモノの流れが、図3-1-18の3番目（下）の表となり、この表がDI分析における強度行列（I）として使用される。

　以上より、所与のレイアウトから距離行列（D）、各製品の加工経路と運搬頻度から強度行列（I）が定まり、このDとIの情報を工程間ごとに（1,2）〜（4,5）までまとめたものを図3-1-19に示す。例えば、工程（1,2）間では、距離D＝15m、I＝7回であり、D×I＝DI＝105mの運搬が1日当たりに行われることを意味している。このDIの値をすべての工程間で加えた値が最後の行に示された合計＝625mである。この値は、一般にΣDI（シグマDI）と呼ばれており、このレイアウトにおける単位期間当たりの総運搬距離を意味している。

　また、各工程間の距離Dを横軸に、強度Iを縦軸にとって二次元平面状に付置したものがDI分析図と呼ばれ、図3-1-19の右側に示す図のようになる。この図の×は工程間のモノの流れを示しており、右上に付置される点×ほど、より長い距離を頻繁に運搬することを意味しているのでレイアウトの改善対象と

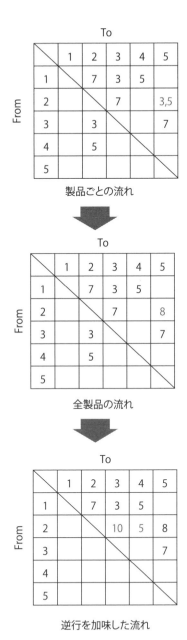

製品ごとの流れ

全製品の流れ

逆行を加味した流れ

図3-1-18　工程間の運搬回数（From-toチャートの作成手順）

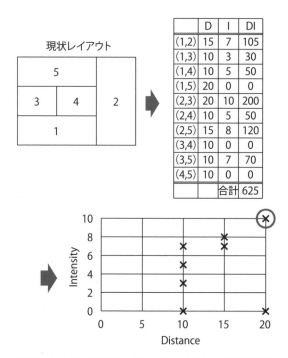

図3-1-19　現状レイアウトに対するDI分析図

なる。この数値例では、工程（2,3）間がすべての工程間で最も頻繁に1日にI＝10回も運搬しているにも関わらず、すべての工程間で一番距離が離れD＝20mとなっているので、ここを最初に改善対象とするべきであることを示している。

　図3-1-20には、工程3と4の位置を入れ替え、問題となっている工程（2,3）間の距離を近づけた改善レイアウトおよびそのDI分析の結果を示す。まず、DI図表を見ると、右上に付置されていた工程（2,3）間が左へ寄ることによって、視覚的にも改善されていることがよくわかる。定量的には、DI＝20×10＝200からDI＝10×10＝100へ100の改善がなされている。

　ただ、この数値例では、工程（2,4）間にもモノの流れがあるため、工程（2,4）間についてはDI＝10×5＝50だったものが、DI＝20×5＝100に改悪されてしまった。このようなときに、全体としてはどの程度の改善になっているか

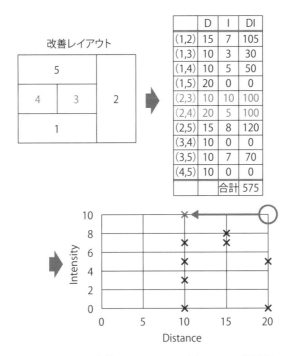

図3-1-20　改善レイアウトに対するDI分析図

を示す数値として、先述のΣDIが利用できる。

　ΣDIの値は、現状レイアウトが625、改善レイアウトが575で、改善レイアウトの方が625 − 575 = 50だけ改善している。この50はもとのΣDI = 625の8%に相当するので、この工程3と4の入れ替えにより、結果として8%の改善がなされたと考えることができる。

　以上のように、DI分析は所与の工場レイアウトについて、モノの流れをDI分析図の形で可視化し、改善対象とするべきモノの流れを示すとともに、ΣDIの形で定量化することで改善効果についても具体的に示すことができる優れたIE手法である。

【参考文献】
・圓川隆夫、黒田充、福田好朗「生産管理の事典」朝倉書店（1999年）

❿ VSM (Value Stream Mapping)

❖ 分析手法の目的

　顧客の注文を起点とし、製品もしくはサービスが顧客に届くまでの生産システム全体におけるモノの流れ、情報の流れを1つの図（モノと情報の流れ図）に描画することにより、全体システムにおける課題を視覚化する。

❖ 改善の着眼点

　全体システムにおけるモノの流れ、情報の流れが停滞する箇所、もしくは工程ごとのバラツキがある箇所が改善の着眼点となる。

❖ 使い方

　VSMでは、**図3-1-21**に示す体系化された記号を用いて全体システムのモノの流れと情報の流れを描く。リーン生産方式の導入もしくは移行を目的に体系化されているため、記号には「かんばんポスト」「平準化ボックス」などプル生産（第3章3-2 **6**）で使用される機能も含まれており、プル生産への移行ツールとしても使用できる。VSMの使用手順は以下の通りである（**図3-1-22**）。

1. 対象製品群を特定する

　すべての製品を1枚の図に描くと複雑になりすぎ、課題の抽出が困難となるため、工程が似ている製品群を対象とすることがよい。製品群の特定においては生産量、工程数、製品群に含まれる製品数などを基準とする。

2. 現在の状態（Current State）を描く

　　①上段に顧客、生産管理、サプライヤーを描く

　　②下段に在庫ポイントおよび工程を描く

　　③工程間を記号で結ぶ

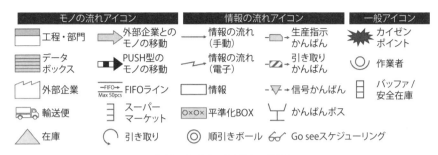

図3-1-21　VSMの記号

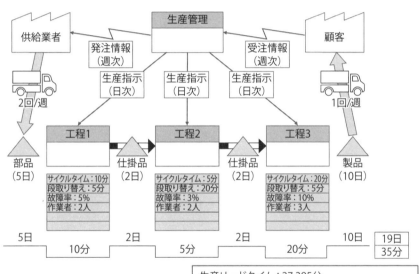

図3-1-22　VSMの例

④サプライヤーと工程、工程と顧客を記号で結ぶ

⑤顧客と生産管理、生産管理とサプライヤーおよび生産指示を渡す工程の間に情報を示す線を描く

⑥各工程のパラメータを記入する

⑦各在庫ポイントの保管数を記入する

⑧最下段に非付加価値時間および付加価値時間を記入する

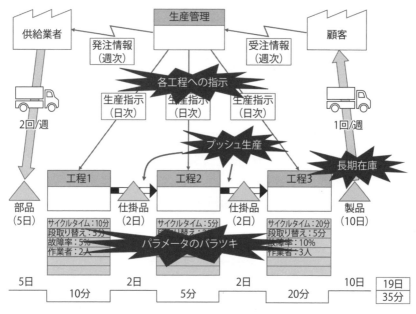

図3-1-23　課題を記載したVSM

3. 現在の問題点を抽出する

現在の課題点を注記などで理由とともに記載する（**図3-1-23**）。注目するポイントは以下の通りである。

○長期在庫（生産の流れを停滞させている部分）

○プッシュ生産

○各工程への指示（情報の送信方法、送信先）

○パラメータのバラツキ

4. 将来の状態（Future State）を描く

先に抽出された課題を解決する方策を検討し、改善後の状態を描く。ここでは理想的な状態を記載し、現在の状態から理想的な状態への移行方法については個別に検討する必要がある。

図3-1-24では以下の対策を提案している。この改善で、生産リードタイムの約60%短縮・付加価値時間割合の約100%向上という効果が見込まれる。

○各工程への指示（生産指示は工程2のみに送信。さらに、生産の平準化を

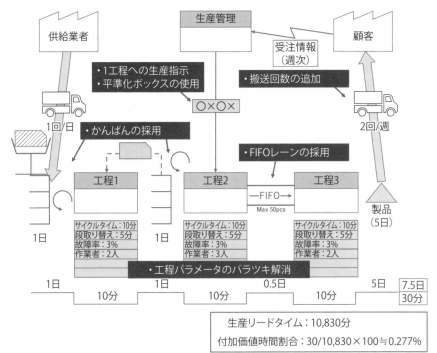

図3-1-24　課題解決の対策を示したVSM

図るため平準化ボックスの使用を提案）

○FIFOレーンの採用（工程2と工程3の間は既定の個数以上の在庫が置けないFIFO（先入れ先出し）ラインを設置。工程3はFIFOラインに在庫がある場合のみに活動）

○かんばんの採用（工程1と工程2の間にかんばんポストを設置し、かんばんで生産指示を伝達。サプライヤーへのオーダーはかんばんで行い、生産管理からサプライヤーへの発注は不要に）

○工程パラメータのバラツキ解消（ライン編成の変更、外段取りの採用などにより実現）

【参考文献】
・マイク・ローザー、ジョン・シュック、成沢俊子(訳)「トヨタ生産方式にもとづく『モノ』と『情報』の流れ図で現場の見方を変えよう‼」日刊工業新聞社（2001年）

⓫ 流動数分析

❖ 分析手法の目的

　工場内のある工程において、前工程から流入する材料や半製品と作業が終了して次工程に送る（流出する）半製品などの累積流入量と累積流出量の差分（ズレ）から在庫量や在庫期間などの時系列的変化を把握し、生産の進捗管理などを行うことを目的としている（**図3-1-25**）。

❖ 改善の着眼点

　横軸を経過時間、縦軸を在庫量として描かれた累積流入量と累積流出量の差によって、在庫量の時間推移を表す。この差が拡大している場合には在庫が増えているので、その原因を明らかにし、適切な管理が行われているかを明確にする必要がある。

❖ 使い方

　流動数分析は、文字通り流動数（モノの流れ・動き）に着目した分析である。注目している改善対象工程の経過時間ごとの流入量と流出量を調査し、**表3-1-10**を作成する。経過時間ごとの在庫量は、その時点の累積流入量から累積流出量を引くことによって求められる。その表3-1-10の経過時間（日数など）を横軸に、「累積流入量」と「累積流出量」を縦軸に、折れ線グラフを作

図3-1-25　改善対象拠点への流入と流出

表3-1-10　流動数分析表

経過時間	単位期間当たりの流入量	累積流入量	単位期間当たりの流出量	累積流出量	在庫量
1	100	100	0	0	100
2	6	106	50	50	56
3	7	113	45	95	18
4	18	131	20	115	16
5	12	143	28	143	0
6	23	166	23	166	0
7	39	205	16	182	23
8	42	247	19	201	46
9	56	303	6	207	96
10	65	368	5	212	156

成する（図3-1-26）。この2本の折れ線グラフの縦軸方向の差分が改善対象工程における在庫量（滞留量）を、横軸方向の差分が在庫期間を示す。

　初期時点（経過時間＝1）では、累積流入量＝100、累積流出量＝0なので、初期在庫量＝100となっている。時間が経過するに従い、流入量に比べ流出量が多いために在庫量が徐々に減少し、経過時間＝3〜8付近の期間では、ほとんど在庫が存在していない。この状態は安全在庫の確保もできておらず、欠品のリスクが高まるので、流入量を増やすような対策が期待される。5,6のように両グラフが完全に重なっていれば、流入したモノが即座に流出していることを示し、改善対象工程における在庫（滞留）がまったく存在しないことを示す。

　一方で、9,10のように両グラフの距離が離れるほど、流入したモノが流出するまでに長時間にわたって在庫（滞留）していることを意味している。このような場合、例えば、需要量が減っている／改善対象工程の次工程の生産ペースが落ちているなど、流出量が減少しているにも関わらず、日々の生産量や調達量が固定されたままであるなど、流入量を一定に保ったままである状況が想定

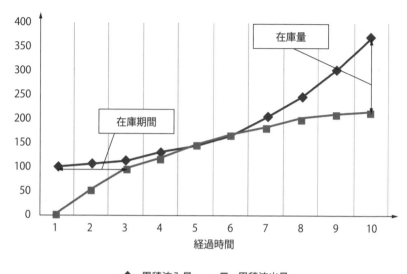

図3-1-26　流動数曲線の例①

される。経過時間10では初期在庫量＝100を超えた在庫量となっている。これは、流出量と比べ流入量が多すぎるためである。このような場合は、流入量を抑制するような対策が必要となる。

　両グラフ間の距離が開きすぎれば過剰在庫を、距離が近すぎれば過少在庫（最低限の安全在庫の確保もできていないなど）を意味するため、どちらの場合も問題であり、両グラフ間の距離を適切に保ち続けるような生産管理（在庫管理、生産計画など）を行う必要がある。

　流動数曲線は、受注生産における受注残の変化を分析することにも利用可能である。図3-1-27は、横軸が経過時間であることは図3-1-26と同じであるが、累積流入量の代わりに「累積受注量」を、累積流出量の代わりに「累積出荷量」を、そして「累積受注量」と「累積出荷量」の差分が「受注残（注文は受けたが、生産が追いつかずまだ出荷できていない量）」を表している。図3-1-27の例では、経過時間＝1〜5付近までは受注残が一定量に保たれていたが、その後は受注量と比べ出荷量が少なく、「累積受注量」と「累積出荷量」の差が徐々に開き続け、経過時間＝21では受注残を180程度抱えている様子が

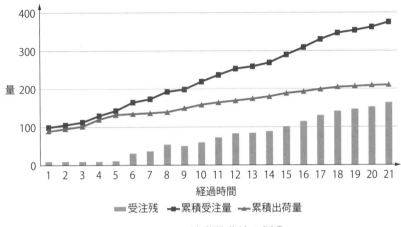

図3-1-27　流動数曲線の例②

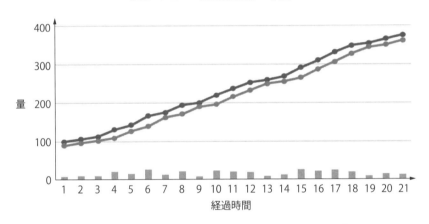

図3-1-28　流動数曲線の例③（改善後のイメージ）

示されている。このような場合には、注文した顧客を長く待たせることになり、顧客満足度の低下やクレームの増加などにもなりかねないので、受注を抑制するか、生産能力を増強して出荷ペースを上げるなどの対策が期待される（図3-1-28）。

【参考文献】
・日本経営工学会「ものづくりに役立つ経営工学の事典」朝倉書店（2014年）

1 動作経済の原則／正常作業域（ストライクゾーン）

　動作経済の原則（principles of motion economy）とは、「作業者が作業を行うとき、最も合理的に作業を行うために適用される経験則」（JIS Z8141:5207）と定義されている。F. B. ギルブレスが動作研究の成果としてまとめたもので、身体の使用、作業者の配置、そして設備・工具の設計の3つの側面から22の原則をまとめている。具体的には、以下の通りである。

1. 身体の使用に関する原則
　①両手の動作は同時に始め、また同時に終了するべきである
　②休息時間以外は、同時に両手を遊ばせてはならない
　③両腕の動作は、反対方向に、対称に、かつ同時に行わなければならない
　④手および体の動作は、仕事を満足に行い得る最低の分類に限ること
　⑤できるだけモノの力（運動量、惰性、はずみ）を利用して作業者を助けること。しかし、筋肉の力を用いてこれに打ち勝つ必要のある場合には、運動量を最小限にすること
　⑥ジグザグな動作や突然かつシャープに方向変換を行う直線運動より、スムースに継続する手の動作の方が好ましい
　⑦弾道運動は制限された運動（固定）やコントロールされた運動よりもはるかに早く、容易であり、かつ正確である
　⑧できるだけ楽で自然なリズムで仕事ができるように、仕事をアレンジすること
　⑨注視の回数はできるだけ少なく、かつ注視の間隔を短くすること
2. 作業域に関する原則
　①工具や材料はすべて定位置に置くこと
　②工具、材料、制御装置は、使用点に近接しておくこと
　③材料を使用点の近くへ運ぶには、重力利用の容器を使用すること
　④できるだけ落とし送りを利用すること

⑤材料、工具は動作を最善の順序で行えるよう配置すること

⑥視覚のために適切なコンディションを整えること。満足な視覚を得るための第一条件は良好な照明であること

⑦立ち作業や座り作業がいずれも容易に行えるように、作業場所およびいすの高さをできるだけアレンジすること

⑧作業者が良好な姿勢をとれるタイプおよび高さの椅子を各人に備えること

3.　**工具や設備の設計に関する原則**

①治具や取付具、または足操作の装置を用いた方が一層有効にできる仕事では手を用いないこと

②工具はできるだけ組み合わせること

③工具や材料は、できるだけ前置きしなければならない

④タイプライターを打つときのように、おのおのの指が特定の働きをする場合、それぞれの指の固有能力に応じて作業量を区分すること

⑤レバー、ハンド・ホイール（手回しハンドル）、その他のコントロール装置は、作業者が体の位置を変えることが最も少なくて済み、かつ最大限のスピードで最も容易に操作できる位置に取りつけなければならない

　これらの原則の視点に基づき、改善案の検討を行うことが可能であるが、一方で22の原則すべてを覚えることは現実的ではない。これらの原則を要約したもので"動作経済の基本原則"というものがある。動作経済の基本原則では、**表3-2-1**に示す4つの原則でこれをまとめている。

　わずか4つの着眼点であるが、この点に集中をすることにより、効率的に動作の改善を進めることが可能である。なお、動作経済の基本原則は、それぞれの原則の漢字を用いて「少同短楽（しょうどうたんらく）」と覚えていただくと、現場での実践に有効である。

　一方、正常作業域における作業空間とは、「作業を遂行するときに、作業者が身体各部を動かすのに必要な作業範囲」（JIS Z8141:5309）のことである。作業空間は、作業域ともいわれ、最大作業域と正常作業域からなる。最大作業域（maximum working area）とは、固定した肩を中心に、手を最大に伸ばしたときの手の届く範囲を表している。また、正常作業域（normal working area）

表3-2-1　動作経済の基本原則

原則1：動作の数を少なくする
　反転、方向替え、持ち替え、探すなどの動作をなくす

原則2：両手を同時に使う
　左右の手を同時に動かす、またはその訓練をする

原則3：移動の距離を短縮する
　モノを運ぶ、手を移動する距離を短くする

原則4：動作を楽にする
　自然の法則に従って動作を追求する。作業者に負荷がかからないようにする

とは、上腕を身体に近づけ、前腕を自然な状態で動かした範囲を表している。**図3-2-1**における実線の内側が最大作業域、点線の内側が正常作業域となる。

　なお、垂直方向も同様である。**図3-2-2**における実線の内側が最大作業域、点線の内側が正常作業域となる。

　正常作業域のことを"ストライクゾーン"という表現をすることがある。野球のストライクゾーンと類似することから、そのようにいわれている。また、"ベストポジション"という表現をすることもある。作業者にとってまさしくベストの空間であるとのことである。さらに、作業点に合わせるのであれば"ベストポイント"という表現をしている現場もある。

　なお、これらの空間を簡便に把握する方法として、整列をする際の基本動作である"前にならえ"がある。肩の高さで手を水平に伸ばした体制において、肩を支点として動かせる範囲が最大作業域となる。狭い場所で整列をする際には"小さく前にならえ"という基本動作がある。肘を90°に曲げて脇を締め、上腕を伸ばす行為である。このときの肘を支点として動かせる範囲が正常作業域となる。現場での実践もすぐにできるものである。

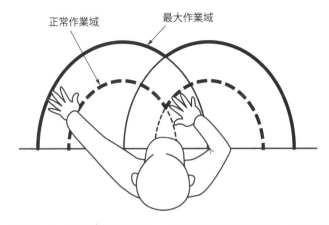

図3-2-1　正常作業域と最大作業域の例①（図2-1-2再掲）

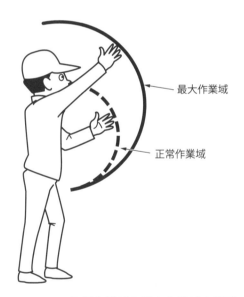

図3-2-2　正常作業域と最大作業域の例②

【参考文献】
・日本能率協会コンサルティング「工場マネジャー実務ハンドブック」日本能率協会マネジ
　メントセンター（2010年）

2 ECRSの原則

　ECRSの原則とは、改善の原則ともいわれ、工程、作業、または動作を対象とした改善の指針または着眼点として用いられ、排除（Eliminate：なくせないか）、結合（Combine：一緒にできないか）、交換（Rearrange：順序の変更はできないか）、および簡素化（Simplify：単純化できないか）のことを指す（JIS 8141：5306）。ECRSの原則の各項目の内容を、**表3-2-2**にまとめる。

　着眼点の1つ目は、E：Eliminate（排除、省略）である。現状の仕事の中で、やめられないか、なくせないかといった着眼で見直す。当たり前のように行っている作業も、見直してみると排除できるものが見つかる。まずは工数の削減から始める。

　着眼点2つ目は、C：Combine（統合）である。現状の仕事の中で、一緒にできないかという着眼で見直しをする。2つの作業を同時にする、あるいは1つの作業をしながらもう1つの作業をするというようなものである。例えば、組立と同時に検査を行う。機械に作業をさせながら、次の前段取りを行う、といったことはこれに該当する。

　着眼点の3つ目は、R：Rearrange（交換、変更）である。作業の順序や場所、そして人を変更することによる効果に着眼する。作業の順序を変えることにより、移動の回数を減らしたり、品質を向上したりできる。

　着眼点の最後は、S：Simplify（簡素化、単純化）である。現状の作業をもっと簡単にできないか、というような着眼になる。具体的には、難易度の高い作業に対して、治具をつくってサポートすることにより単純にするということがある。また、自動機の開発はボタン1つで作業ができると、作業がより簡素化される。

　ECRSの原則は改善の着眼点であり、かつ順序を表している。つまり、E（排除、省略）、C（統合）、R（交換、変更）、そしてS（簡素化、単純化）の順で改善を進める。当初から作業の順序を変更したり、人を入れ替えたりという改

表3-2-2　ECRSの原則

項目	内容
Eliminate 排除、省略	省略できるムダな作業はないか？ （なくせないか）
Combine 統合	他の作業と統合できる作業はないか？ （一緒にできないか）
Rearrange 交換、変更	作業の順序、場所、人を変更できないか？ （順序の変更はできないか）
Simplify 簡素化、単純化	作業をもっと単純にできないか？ （単純化できないか）

善から活動を始める場合がある。この取り組みは、R（交換、変更）の着眼点ということでECRSの原則にかなっているが、省略（E）できる作業を後の作業と入れ替えたり、一緒にできる作業（C）を別々にして場所を変えたりしては意味がない。治具改善も簡素化、単純化（S）と考えると、ECRSの順序に対して適切ではない。

　改善活動を効果的に進めるためには、ECRSの原則に従って、活動を進めることが有効である。

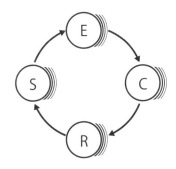

【参考文献】
・藤本隆宏「生産マネジメント入門〈Ⅰ〉」日本経済新聞出版社（2001年）

3-2 基本用語

3 リードタイム (lead time)

①発注してから納入されるまでの時間。調達時間ともいう
②素材が準備されてから完成品になるまでの時間 (JIS Z8141:1206)

前者の表現は発注側の視点となり、"調達リードタイム"ともいわれるのに対して、後者の表現は生産者側の視点となり、"生産リードタイム"ともいわれる。両者の関係を、受注生産と計画生産に分けると**図3-2-3**のようになる。

モノづくりの基本はQCDといわれる通り、QCDは競争力の源泉である。他社をしのぐ圧倒的な品質は、かつては競争力として最も重要な要因であったが、今日ではコモディティ化といわれるように品質での差別化が困難になってきている。またコストについても、プロダクトアウトの時代からマーケットインの時代へと変遷を遂げる中、コストは顧客が決めるものであり、そこに追従をすることが求められている。このような中、ムダを排除することによるリードタイムの短縮は顧客獲得の機会に大きく貢献するといえる。

顧客の求めるものは、調達リードタイムである。図3-2-3より受注生産の場合は、生産リードタイムはその一部分と考えることができる。つまり、生産リードタイムを短縮することは、調達リードタイムの短縮に直接影響する。

一方、計画生産における生産リードタイムは、これが長くなればなるほど、品切れによる機会損失を回避するために在庫を持つこととなる。生産リードタイムを短縮し、売れ方に合わせた生産が可能となれば、変動する需要にムダな在庫を必要とせず適切に対応でき、顧客のニーズに素早く対応することが可能となる。

【参考文献】
・日本経営工学会「生産管理用語辞典」日本規格協会（2002年）

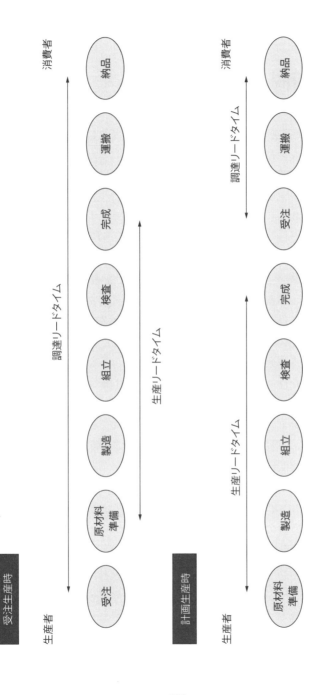

図3-2-3　調達リードタイムと生産リードタイム

4 標準時間

　JISでは標準時間を「その仕事に適性を持ち、習熟した作業者が、所定の作業条件下で必要な余裕を持ち、正常な作業ペースによって仕事を遂行するために必要とされる時間（JIS Z8141：5502）」と定義されている。適性、所定、正常というキーワードが並ぶ理由として、標準時間は生産現場においては作業を管理するための物差しに用いられ、一方で生産管理においては生産計画を作成するための情報として用いられるなど、生産活動における現場と管理の基準となるからである。

　標準時間の構成は、正味時間と余裕時間の和である（**図3-2-4**）。正味時間とは、主体作業、準備段取り作業に直接必要な時間であり、規則的および周期的に繰り返される作業時間である。この時間を求める方法に時間研究（ストップウォッチ法：第3章3-1 **2**）があり、標準時間設定という目的においては、上記の定義に適う作業者を選定して時間研究を行う。なお、正味時間設定については、観測した作業スピードが正常かどうかを判断するレイティングが必要となる（**図3-2-5**）。例えば、観測されたスピードが正常より15%早いときは、観測時刻にレイティング係数1.15を乗じて正味時間を導出する。

　余裕時間とは、不規則的および偶発的に発生する作業遂行に必要な遅れの時間である。この時間は、直接的に観測によって求めることが困難となるため、稼働分析より余裕率を求めて間接的に設定される。

　具体的な標準時間の使用例として、生産現場においては標準時間と実績作業時間との差異（個数の場合も同様）の認識につながり、作業の状態をマネジメントすることができる。生産管理においては設定された標準時間をもとに基準日程や負荷工数が決定され、日程計画および工数計画が作成される。そしてこの結果として、適切な生産リードタイムが見積もられ、顧客の納期が設定されることになる。さらにコストという観点では、標準原価と実際原価を求めてその差異をマネジメントする標準原価計算において、標準時間は標準原価の算出

標準時間＝正味時間　　　＋　　　余裕時間

時間研究　　　　　　　稼働分析

図3-2-4　標準時間の構成

観測時間 × レイティング係数＝正味時間

$$レイティング係数＝\frac{基準とする作業ペース}{観測作業ペース}$$

図3-2-5　正味時間の設定

表3-2-3　標準時間設定の方法

手法	適する作業	精度	特徴
ストップウォッチ法	サイクル作業	良い	実施が容易
PTS法	短いサイクル作業、繰り返しの多い作業	良い	分析に時間がかかる
標準時間資料法	同じ要素作業の発生が多い作業	良い	標準資料の整備に時間がかかる
実績資料法	個別生産で繰り返しの少ない作業	悪い	設定に費用がかからず迅速
経験見積り法	個別生産で繰り返しの少ない作業	悪い	経験に頼るため主観的になりやすい

出典：日本経営工学会「生産管理用語辞典」日本規格協会（2002年）

に用いられる。以上のことより、標準時間はさまざまな場面で用いられ、影響力の大きな指標であることがわかる。

　表3-2-3は、具体的な標準時間設定の方法である。対象作業、精度、手間などにより、どの方法を採用するかは一長一短であるが、上述したように多方面に影響する指標となるため、対象職場の特徴に合わせて、なおかつ対象職場の全員で納得する形で決定することが大切である。

【参考文献】
・日本経営工学会「生産管理用語辞典」日本規格協会（2002年）

5 段取り改善

　JISでは段取りを「品種または工程内容を切り替える際に生じる材料、機械、治工具、図面などの準備および試し加工（JIS Z8141：5107）」と定義している。工場において製品A～Cの3種類を生産しており、各製品に対して3個ずつ注文があったとする。製品A～Cをそれぞれ専用ラインで生産をする場合は段取りが発生することはないが、一般的に専用ラインの設置には莫大なコストがかかるため、1つのラインに複数の品種を流すのが現実的である。このとき、品種の切り替えが発生するため、上述の段取り替えが発生することになる。

　段取り替えが最も少なくなるのは、製品A～Cをまとめて生産することであり、段取り回数は2回である（AAA→段取りBBB→段取りCCC）。ここで、顧客の注文がABCABCABCときた場合においても、同様に製品A～Cをまとめて生産すると、顧客が注文したタイミングにより、製品を待つ時間にバラツキが生じる。これは販売機会の損失や在庫保有期間の長期化につながる可能性がある。

　したがって、注文に合わせた生産が理想となるが、段取り回数は8回となってしまう（A→段取りB→段取りC→段取りA→段取りB→段取りC→段取りA→段取りB→段取りC）。ここで必要になるのが段取り改善であり、段取り時間の短縮である。一般的に段取り改善の効果は、小ロット生産における在庫削減、製造リードタイム短縮、短納期対応、設備稼働率の向上などが挙げられる。

　具体的な段取り改善の手順として、段取りには機械またはラインを停めて行う内段取りと、機械またはラインを停めずに行う外段取りがあるため、はじめに段取りの現状把握を行い、段取りの構成を明らかにする（**図3-2-6①**）。続いて、内段取りを可能な限り外段取り化し（図3-2-6②）、内段取りの作業時間短縮（図3-2-6③）、外段取りの作業時間短縮（図3-2-6④）を順に行う。なお、内段取りについては、10分未満を「シングル段取り」、3分未満を「ゼロ

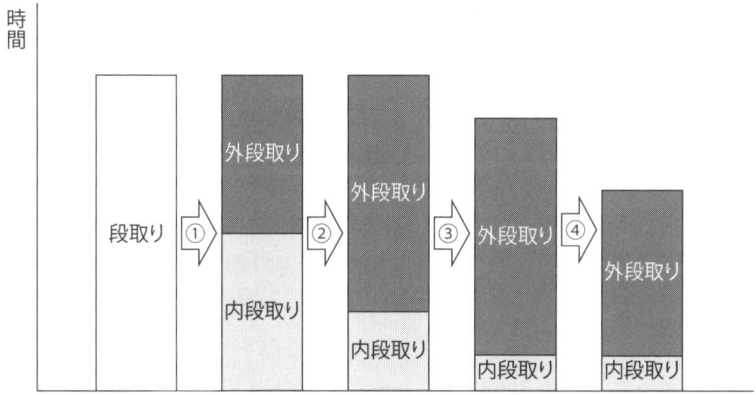

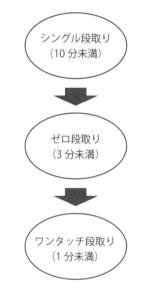

時間

段取り ① 外段取り 内段取り ② 外段取り 内段取り ③ 外段取り 内段取り ④ 外段取り 内段取り

図3-2-6 段取り改善イメージ

シングル段取り
（10分未満）

↓

ゼロ段取り
（3分未満）

↓

ワンタッチ段取り
（1分未満）

図3-2-7 内段取りの進化

段取り」、1分未満を「ワンタッチ段取り」と呼ぶ（**図3-2-7**）。

【参考文献】
・五十嵐瞭「図解 製造リードタイム短縮の上手な進め方」同文館出版（2012年）

⑥ プッシュ生産・プル生産

　生産指示の与え方の違いによる生産方式の違いを表す。

　プッシュ生産とは、あらかじめ決定された生産計画に基づき、上流工程で生産が実施され作業が終了すると次工程に送られ、それが生産指示となって工程が進み、最終的に市場に押し出されていく。製品をマーケットに押し込むイメージであるため、そのように呼ばれる。生産計画と在庫量に基づき原材料の発注量を算出するMRP（Material Requirement Planning）は、プッシュ生産方式が使用される代表的なツールである。

　それに対しプル生産は、後工程に引き取られた量だけを生産する方式で、最終工程が実需要に当たるため「売れた分だけ生産する」ことを基本とした方式である。マーケットもしくは後工程から製品が引っ張られるイメージであるため「後工程引き取り方式」とも呼ばれる。かんばん方式が代表的な例で、かんばんを工程間の仕掛品に添付し、後工程がその仕掛品を引き取った際にかんばんが外され、それが前工程への生産指示となり、プル生産の情報伝達の役割を果たしている。

　経営的には売れるものだけ生産することが、理論上製品在庫が発生しないため有効である。特に変種変量生産を余儀なくされる現代の状況では、確定需要に基づき生産するプル生産の方が有利である。しかし、一般には大幅な量の変動には工程能力が対応できずに、現場は混乱するだけである。

　プル生産が効率よく実現する前提は平準化生産で、実需要が変種変量であっても、現場においては平準化したつくり方ができる工夫が必要とされる。また、製品の特性から販売単位と製造ロット単位が著しく異なる場合、プル生産の適用は困難である。例えば、ビールは発酵などを伴う製造工程の特徴から1本ずつ製造することはできず、ある程度のボリュームで製造する必要がある。その場合はプッシュ生産が利用されるが、仕掛品、製品ともに余剰在庫が発生する危険性がある。

　そこで、ある部分まではプッシュ生産を行い、ある部分からはプル生産に移

行するハイブリッド型の生産方式をとる場合がある。この生産方式をプッシュ・プル生産と呼び、生産方式が切り替わるポイントをデカップリングポイントと呼ぶ。有名なケースとして、「デル・モデル」がある。パソコン製造販売を行うデル社は、パソコンの組立に必要な部品、もしくは共通部分を製造、保管しておき、顧客からのオーダーに応じて組み立てて出荷する方式とした。部品および共通部分の製造はプッシュ生産であり、組立以降がプル生産である。これにより、デル社は顧客に対して幅広いカスタマイズと短いリードタイムを提供することを実現し、完成品在庫を大幅に削減している。

【参考文献】
・光國光七郎「在庫と事業経営 カップリングポイント在庫計画理論」日科技連出版社
　（2016年）

索 引

新人 IEr と学ぶ
実践 IE の強化書　　　　　　　　　　　　　　　　　　NDC509.6

2021年3月25日　初版1刷発行
2024年8月2日　初版8刷発行

　　　　　　　　　　　© 編　者　日本インダストリアル・
　　　　　　　　　　　　　　　　エンジニアリング協会
　　　　　　　　　　　　発行者　井　水　治　博
　　　　　　　　　　　　発行所　日刊工業新聞社

〒103-8548　東京都中央区日本橋小網町14-1
電話　書籍編集部　03-5644-7490
　　　販売・管理部　03-5644-7403
　　　FAX　　　　　03-5644-7400
振替口座　00190-2-186076
URL　https://pub.nikkan.co.jp/
e-mail　info_shuppan@nikkan.tech

印刷・製本　新日本印刷